원어민 게이지 100% 살리는

스펜서쌤의

미국 영어

숨 쉬듯 매일 말하는
일상 회화 표현

"Hello, everyone! I'm Spencer."

안녕하세요, 여러분! 저는 스펜서라고 합니다.

저의 <원어민 게이지 100% 살리는 스펜서쌤의 미국 영어> 시리즈 (총 3권) 중 가장 첫 번째 책인 "숨 쉬듯 매일 말하는 일상 회화 표현"으로 여러분을 만나게 되어 매우 기쁩니다. 우선, 이 책을 선택하신 모든 분들께 감사드립니다. 정말 영광이에요. 저 역시 여러분에게 격려와 희망의 메시지를 전해 드리고 싶어요.

한국에서 제가 영어 선생님이 된 (그리고 지금은 작가가 된!) 계기가 궁금하실 수도 있을 거 같아요. 전 어릴 적부터 진정한 책벌레였고, 책을 사탕처럼 게눈 감추듯 많이도 읽었답니다. 책을 통해 영어 실력을 키우고, 제 자신을 더 명확하고 다채롭게 표현하는 법을 배웠어요. 일찍이 문학과 영어에 대한 사랑 덕분에, 어머니는 제가 언젠가 작가가 될 거라고 예견하셨어요. (제가 해냈어요, 엄마!)

고등학교와 대학교에서, 한국말을 우연히 접하기 전에 취미 삼아 불어와 러시아어를 공부한 적이 있었어요. 그때 모든 언어에 고유한 특징이 있다는 것을 깨달았고, 더 많은 걸 배우고 싶었죠. 그래서 한국어를 배우자마자 푹 빠졌고, 한국어와 영어 사이의 흥미로운 뉘앙스에 눈을 뜨게 되었습니다.

그동안 한국어 배우는 걸 좋아했던 만큼 저는 한국의 영어 학습자들이 영어 배우는 것을 사랑할 수 있도록 제가 할 수 있는 일을 하고 싶었습니다. 그래서 저는 연세대학교 교환학생 프로그램을 마치고 미시건대학교를 비교문학과 아시아언어문학학 복수 전공으로 졸업하자마자 영어를 가르치기 위해 한국으로 돌아왔어요.

수년 동안 개인과 단체를 대상으로 영어를 가르치며 저는 더 많은 것을 할 수 있다는 걸 깨달았어요. 덕분에 유튜브 채널인 "English with Spencer 스펜서의 미국 영어" 를 시작하게 되었지요. 이 채널을 통해 진짜 미국식 영어 표현과 영어의 뉘앙스를 쉽게 배울 수 있기를 바랍니다. 그리고 이 책과 함께 활용한다면 여러분에게 더 없이 좋은 학습 자료가 될 거라 자부합니다.

마지막으로 감사한 분들께 말씀 전합니다. 저희 가족은 제가 책 쓰는 것을 비롯해 처음 한국으로 이사하기로 결심했을 때조차도 제가 선택한 모든 것을 항상 지지해 주었어요. 감사합니다. 그리고 제 남편이 없었더라면 이런 일은 일어나지 않았을 거예요. 그는 제 모든 노력에 필요한 지원과 격려를 해 주었어요. 고마워요, 내 사랑. 그동안 너무나 많은 관심과 사랑을 주신 시부모님께도 감사드려요. 김현진 대리님, 심영미 팀장님 감사합니다! 그리고 지금까지 저의 모든 학생들에게 감사하다는 말을 전합니다.

이 책이 어떤 상황에서도 영어를 사용할 수 있는 자신감을 줬으면 좋겠어요. 또한, 여러분이 열정적으로 영어를 유창하게 하는 길을 계속해 나가는 데 필요한 불꽃을 주었으면 합니다.

from Spencer

마치 원어민과 **다른 영어**를 쓰는 것 같은
느낌적 느낌(!)

What is your job?
(직업이 뭐예요?)

I'm a student...
(전 학생이에요...)

(내가 뭘 잘못했나..?)

원어민이 쓰는 **진짜 영어**를 알고 싶다면?
딱 **이것**만 기억하세요!

I　미국 영어 상식 & 문화로 **팩트 체크!**

II　뉘앙스(표현의 차이)로 채우는 **원어민 게이지!**

III　실전 완벽 적응하는 **대화 마스터!**

I 팩트 체크!

"레슨별 주제와 관련된 미국 영어 상식과 문화"

▶ 미국에서는 너무나 당연하고 자연스럽지만 한국에서는 잘 모를 수 있는
미국 영어의 상식 & 문화를 콕 짚어 설명해 드립니다.

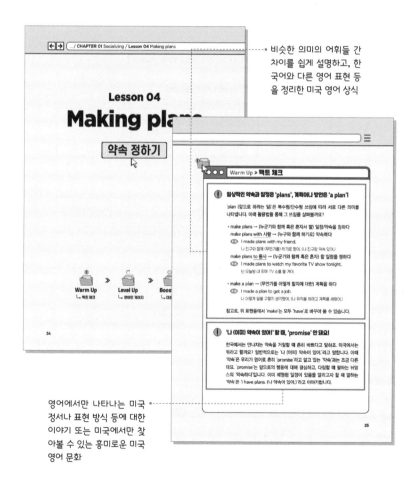

비슷한 의미의 어휘들 간
차이를 쉽게 설명하고, 한
국어와 다른 영어 표현 등
을 정리한 미국 영어 상식

영어에서만 나타나는 미국
정서나 표현 방식 등에 대한
이야기 또는 미국에서만 찾
아볼 수 있는 흥미로운 미국
영어 문화

원어민 게이지

"미국 영어의 정확한 쓰임새와 뉘앙스를 알려 주는
영어 표현 3단계 업그레이드"

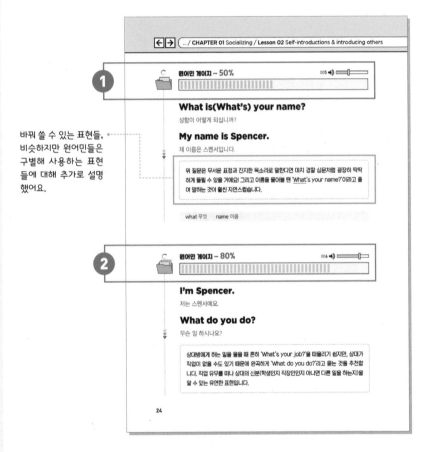

바꿔 쓸 수 있는 표현들,
비슷하지만 원어민들은
구별해 사용하는 표현
들에 대해 추가로 설명
했어요.

① 원어민 게이지 -- 50%   005 ◄))

What is(What's) your name?

성함이 어떻게 되십니까?

My name is Spencer.

제 이름은 스펜서입니다.

> 위 질문은 무서운 표정과 진지한 목소리로 말한다면 마치 경찰 심문처럼 굉장히 딱딱
> 하게 들릴 수 있을 거예요! 그리고 이름을 물어볼 땐 'What's your name?'이라고 줄
> 여 말하는 것이 훨씬 자연스럽습니다.

what 무엇   name 이름

② 원어민 게이지 -- 80%   006 ◄))

I'm Spencer.

저는 스펜서예요.

What do you do?

무슨 일 하시나요?

> 상대방에게 하는 일을 물을 때 흔히 'What's your job?'을 떠올리기 쉽지만, 상대가
> 직업이 없을 수도 있기 때문에 완곡하게 'What do you do?'라고 묻는 것을 추천합
> 니다. 직업 유무를 떠나 상대의 신분(학생인지 직장인지 아니면 다른 일을 하는지)을
> 알 수 있는 유연한 표현입니다.

24

① 우리가 이미 알고 있을 법한 가장 기본적인 표현들을 다시 한 번 살펴봅니다.
그리고 미국 영어에서는 어떻게 받아들이고 사용하는지도 알아봅니다.

② 조금 더 자연스럽게 듣고 말할 수 있는 표현들을 배워 봅니다.
실용적인 표현들을 연습하며 원어민다운 미국 영어에 한층 가까워지는 걸 느껴 보세요.

스펜서쌤이 직접 선정한 핵심 영어 표현들!
딱딱한 직역이 아닌 현실에서 쓰는 한글 해석을 달았어요.

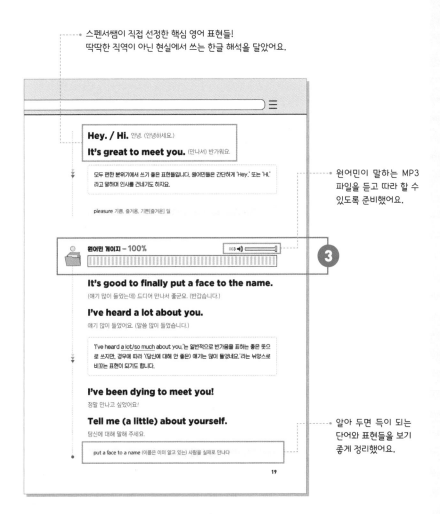

Hey. / Hi. 안녕. (안녕하세요.)

It's great to meet you. (만나서) 반가워요.

모두 편한 분위기에서 쓰기 좋은 표현들입니다. 원어민들은 간단하게 'Hey.' 또는 'Hi.' 라고 말하며 인사를 건네기도 하지요.

pleasure 기쁨, 즐거움, 기쁜[즐거운] 일

원어민 게이지 ... 100%   003 ◀))

It's good to finally put a face to the name.
(얘기 많이 들었는데) 드디어 만나서 좋군요. (반갑습니다.)

I've heard a lot about you.
얘기 많이 들었어요. (말씀 많이 들었습니다.)

'I've heard a lot/so much about you.'는 일반적으로 반가움을 표하는 좋은 뜻으로 쓰지만, 경우에 따라 '(당신에 대해 안 좋은) 얘기는 많이 들었네요.'라는 뉘앙스로 비꼬는 표현이 되기도 합니다.

I've been dying to meet you!
정말 만나고 싶었어요!

Tell me (a little) about yourself.
당신에 대해 말해 주세요.

put a face to a name (이름은 이미 알고 있는) 사람을 실제로 만나다

19

원어민이 말하는 MP3 파일을 듣고 따라 할 수 있도록 준비했어요.

③

알아 두면 득이 되는 단어와 표현들을 보기 좋게 정리했어요.

❸ 진짜 원어민들이 자다가도 말하는 표현들을 알려 드립니다.
미국 사람이 되는 영어 표현들을 적극 활용하며 원어민 게이지를 100% 채워 보세요.

III 대화 마스터 !
"생생한 티키타카로 방구석 미국 여행 떠나 보기"

▶▶ 앞서 배운 표현들을 실제 원어민들의 목소리와 함께 대화로 만나 보고,
퀴즈로 신나게 놀아 보세요!

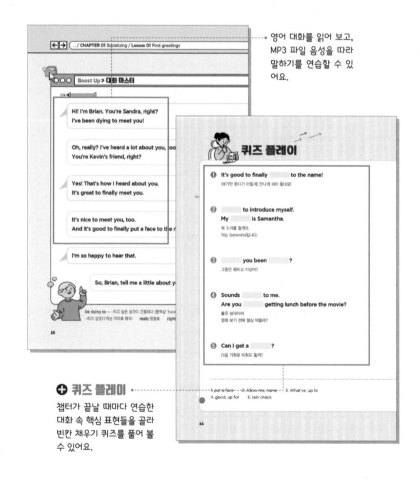

영어 대화를 읽어 보고,
MP3 파일 음성을 따라
말하기를 연습할 수 있
어요.

.../ CHAPTER 01 Socializing / Lesson 01 First greetings

Boost Up ▶ 대화 마스터

004 ◀))

Hi! I'm Brian. You're Sandra, right?
I've been dying to meet you!

Oh, really? I've heard a lot about you, too.
You're Kevin's friend, right?

Yes! That's how I heard about you.
It's great to finally meet you.

It's nice to meet you, too.
And it's good to finally put a face to the n...

I'm so happy to hear that.

So, Brian, tell me a little about y...

be dying to ~ ~하고 싶은 생각이 간절하다 (문맥상 'have...
~하고 싶었다'라는 의미로 해석)   really 정말로   right...

20

퀴즈 플레이

① It's good to finally _____ to the name!
(얘기만 듣다가 이렇게) 만나게 되어 좋네요!

② _____ to introduce myself.
My _____ is Samantha.
제 소개를 할게요.
저는 Samantha입니다.

③ _____ you been _____?
그동안 뭐하고 지냈어?

④ Sounds _____ to me.
Are you _____ getting lunch before the movie?
좋은 생각이야.
영화 보기 전에 점심 먹을래?

⑤ Can I get a _____?
다음 기회로 미뤄도 될까?

1. put-a-face-   2. Allow-me, name   3. What've, up to
4. good, up for   5. rain check

64

✚ 퀴즈 플레이
챕터가 끝날 때마다 연습한
대화 속 핵심 표현들을 골라
빈칸 채우기 퀴즈를 풀어 볼
수 있어요.

Review & Practice

▶ 원어민 게이지 100%에 해당하는 표현들만 뽑았어요! 네모(☐)에 체크하면서 어떤 표현을 더 공부해야 하는지 확인할 수 있습니다.

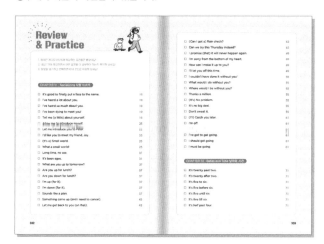

English with Spencer

▶ 스펜서쌤의 강의를 유튜브 채널에서도 만나 보세요! 교재에서 배운 내용들을 토대로 한 스펜서쌤의 특별한 코멘터리를 언제 어디서나 시청할 수 있습니다.

※ 영상은 순차적으로 업로드될 예정입니다.

Contents

Socializing

사람 사귀기

Lesson 01

First greetings

처음 만나 인사하기

Warm Up
└ 팩트 체크

≫

Level Up
└ 원어민 게이지

≫

Boost Up
└ 대화 마스터

'잘 부탁드립니다.'는 영어로, 'look forward to'!

번역기에 '잘 부탁드립니다.'를 검색하면 'I look forward to your kind cooperation. (당신의 친절한 협조를 기대합니다.)'이라는 표현이 나옵니다. 하지만 이는 원어민들은 쓰지 않는 어색한 문장입니다. 대신 상황에 따라 'look forward to ~ (~을/를 기대하다)'를 '잘 부탁드립니다.'라는 뉘앙스로 다음과 같이 활용할 수 있습니다.

e.g. I look forward to working with you.
당신과 함께 일하게 되어 기대되네요.

I look forward to taking your class.
선생님의 수업을 듣게 되어 기대돼요.

I look forward to learning from you.
선생님께 배우게 되어 기대돼요.

I look forward to a great semester.
굉장한 학기가 될 거라 기대해.

첫 만남엔 무조건 악수? NO!

미국에서는 모든 사람이 첫 만남에 무조건 악수를 한다고요? 오해입니다. 악수는 일반적으로 공식적인 상황이나 격식을 차려야 하는 상대를 만났을 때 하는 인사입니다. 보다 일상적인 상황에서는 손을 흔들거나 고개를 끄덕이며 '안녕(하세요)!'이라고 말하는 게 더 자연스러울 수 있습니다. 어떻게 할지 모를 땐 상대가 먼저 인사하는 것을 보고 따라 해도 좋아요.

원어민 게이지 ··· 50%

001 🔊

|||||||||||||||||||||||||||||

Hello. Nice to meet you.

안녕하세요. 반갑습니다.

Nice to meet you, too.

저도 반갑습니다.

> 위 표현들은 정중한 느낌을 주어 무난하게 사용하기 좋습니다.

nice 좋은, 멋진   meet 만나다

원어민 게이지 ··· 80%

002 🔊

||||||||||||||||||||||||||||||||||||||||||||

Good morning.

[아침] 안녕하세요.

It's a pleasure to meet you.

만나서 반갑습니다.

> 위 표현들은 격식을 차려야 하는 상황에서 자연스럽게 쓸 수 있습니다. 'Good morning/afternoon/evening.'은 각각 아침/점심/저녁에 따라 다르게 말하고, 'Hello.'를 앞에 덧붙여 말할 수도 있답니다.

Hey. / Hi. 안녕. (안녕하세요.)

It's great to meet you. (만나서) 반가워요.

> 모두 편한 분위기에서 쓰기 좋은 표현들입니다. 원어민들은 간단하게 'Hey,' 또는 'Hi,'
> 라고 말하며 인사를 건네기도 하지요.

pleasure 기쁨, 즐거움, 기쁜 일, 즐거운 일

 원어민 게이지 … 100%   003 🔊

‖‖

It's good to finally put a face to the name.

(얘기 많이 들었는데) 드디어 만나서 좋군요. (반갑습니다.)

I've heard a lot about you.

얘기 많이 들었어요. (말씀 많이 들었습니다.)

> 'I've heard a lot/so much about you.'는 일반적으로 반가움을 표하는 좋은 뜻으
> 로 쓰지만, 경우에 따라 '(당신에 대해 안 좋은) 얘기는 많이 들었네요.'라는 뉘앙스로
> 비꼬는 표현이 되기도 합니다.

I've been dying to meet you!

정말 만나고 싶었어요!

Tell me (a little) about yourself.

당신에 대해 말해 주세요.

put a face to a name (이름은 이미 알고 있는) 사람을 실제로 만나다

Boost Up » 대화 마스터

004

Hi! I'm Brian. You're Sandra, right?
I've been dying to meet you!

Oh, really? I've heard a lot about you, too.
You're Kevin's friend, right?

Yes! That's how I heard about you.
It's great to finally meet you.

It's nice to meet you, too.
And it's good to finally put a face to the name!

I'm so happy to hear that.

So, Brian, tell me a little about yourself.

be dying to ~ ~하고 싶은 생각이 간절하다 (문맥상 'have been dying to ~'는 '정말
~하고 싶었다'라는 의미로 해석)   **really** 정말로   **right** 맞는

안녕하세요! 전 Brian이에요. Sandra 맞죠?
정말 만나고 싶었어요!

아, 정말요? 저도 얘기 많이 들었어요.
Kevin 친구 맞죠?

네! (맞아요.) 당신에 대해서도 그렇게 (Kevin 친구라고)
들었어요. 드디어 만나게 되다니 반갑네요.

저도 만나서 반가워요.
(얘기만 듣다가 이렇게) 만나게 되어 좋네요!

그 말을 들으니 정말 기쁘네요.

그럼 Brian, 당신에 대해 좀 이야기해 주세요.

Lesson 02
Self-introductions & introducing others

자기소개 & 다른 사람 소개하기

Warm Up
└ 팩트 체크

≫

Level Up
└ 원어민 게이지

≫

Boost Up
└ 대화 마스터

! 소개할 땐 'introduce oneself'!

'자기소개'라는 말을 직역하면 'self-introduction'이지만, 이는 대화할 때 사용하기에는 어색한 표현입니다. 원어민들은 자기 자신을 소개하거나 상대방에게 소개를 부탁할 때 'introduce oneself (자기소개하다)'라는 표현을 자주 씁니다. 아래 예문을 살펴볼까요?

e.g. Allow me to introduce myself.
Let me introduce myself.
제 소개를 하겠습니다.
Please introduce yourself.
Tell me/us about yourself.
자기소개 부탁드립니다. (자기소개해 주세요.)

참고로 '자기소개서'는 영어로 'cover letter'입니다. 알아 두면 유용할 거예요.

! 나이에 대한 질문은 상대방을 불편하게 할 수 있어요!

미국에서는 누군가를 처음으로 만나고 알아 갈 때 나이를 묻지 않습니다. 한국에서처럼 상대의 나이를 기준으로 대화하는 방식이 달라지지 않기 때문에 애초에 다른 사람의 나이를 알 필요가 없는 거지요. 만약 여러분이 미국에서 초면에 상대방의 나이를 물어본다면 아마도 대부분의 미국인들은 혼란스러워하거나 심지어는 불편해할 수도 있을 거예요. 다만, 누군가와 첫 데이트를 할 때에는 물어봐도 좋습니다.

원어민 게이지 ··· 50%　　　　　　　005

||||||||||||||||||||||||||||||||||||||||||||

What is(What's) your name?

성함이 어떻게 되십니까?

My name is Spencer.

제 이름은 스펜서입니다.

> 위 질문은 무서운 표정과 진지한 목소리로 말한다면 마치 경찰 심문처럼 굉장히 딱딱
> 하게 들릴 수 있을 거예요! 그리고 이름을 물어볼 땐 'What's your name?'이라고 줄
> 여 말하는 것이 훨씬 자연스럽습니다.

what 무엇　　name 이름

원어민 게이지 ··· 80%　　　　　　　006

|||||||||||||||||||||||||||||||||||||||||||||||||||

I'm Spencer.

저는 스펜서예요.

What do you do?

무슨 일 하시나요?

> 상대방에게 하는 일을 물을 때 흔히 'What's your job?'을 떠올리기 쉽지만, 상대가
> 직업이 없을 수도 있기 때문에 완곡하게 'What do you do?'라고 묻는 것을 추천합
> 니다. 직업 유무를 떠나 상대의 신분(학생인지 직장인인지 아니면 다른 일을 하는지)을
> 알 수 있는 유연한 표현입니다.

I'm a student.

저는 학생이에요.

I work at a hospital.

저는 병원에서 일해요.

I study politics at college.

저는 대학에서 정치학을 공부해요.

work at ~ ~에서 일하다   study 공부하다   politics 정치학   college 대학
(university)

 원어민 게이지 … **100%**   007

||||||||||||||||||||||||||||||||||||||||||||||||||||||||||||||||||||

Allow me to introduce myself.

제 소개를 하겠습니다.

Let me introduce you to Peter.

[격식] 당신을 Peter 씨에게 소개하겠습니다.

I'd like you to meet my friend, Jay.

[비격식] 당신을 제 친구 Jay에게 소개해 주고 싶어요.

(It's a) Small world. / What a small world!

세상 참 좁네요.

allow A to ~ A가 ~하는 걸 허락하다 ('Allow me to ~.'는 '제가 ~하는 걸 허락해 주세요. →
제가 ~하겠습니다.'라고 자연스럽게 해석)   Let me introduce A to B. (제가) A를 B에게
소개하겠습니다.

Boost Up » 대화 마스터

008 🔊

Hello. Allow me to introduce myself.
My name is Ryan.

It's a pleasure to meet you.
I'm Samantha.

What do you do, Samantha?

I study art and design at the University
of Michigan. What about you?

I work at a publishing company.

What a small world!
My friend is writing a book.
Let me introduce you to him.

art 미술   design 디자인   publishing company 출판사
write a book 책을 쓰다

안녕하세요. 제 소개를 할게요.
저는 Ryan입니다.

뵙게 되어 반가워요.
저는 Samantha입니다.

Samantha, 무슨 일을 하세요?

저는 Michigan 대학에서
미술과 디자인을 공부해요. 당신은요?

저는 출판사에서 일해요.

세상 참 좁네요!
제 친구는 책을 쓰고 있어요.
그 친구를 소개시켜 줄게요.

Lesson 03
Catching up

안부 주고받기

Warm Up ≫ **Level Up** ≫ **Boost Up**
ㄴ 팩트 체크   ㄴ 원어민 게이지   ㄴ 대화 마스터

⚠ 안부 인사를 주고받을 때 쓸 수 있는 'catch up'!

'catch up'은 그동안 못다한 얘기나 안부를 주고받을 때 쓸 수 있는 표현입니다. 하지만 사전에서는 '따라잡다'라는 의미만 나오는데요. 원어민들은 이 표현을 '오랜만에 대화하다 / 안부를 주고받다'라는 의미로 자주 사용합니다. 따라서 'catch up with 사람'이라고 하면 '~와/과 그동안 못다한 얘기나 안부를 주고받다'라는 뜻이며, 아래와 같이 활용할 수 있습니다.

e.g. It is so nice to catch up with you!
너랑 오랜만에 얘기하게 돼서 너무 좋다!

참고로 'catch-up'은 '만남'이라는 뜻의 명사이며, 아래와 같이 활용할 수 있습니다.

e.g. We had a nice catch-up over a cup of coffee.
우리는 커피 한잔하면서 그간 못했던 얘기들을 즐겁게 주고받았어.

⚠ '밥 먹었어?'라는 인사 표현은 한국에서만!

한국에서는 인사를 주고받을 때 '밥 먹었어? / 식사는 하셨어요?'와 같이 묻는 것이 자연스럽죠? 하지만 이를 영어로 그대로 직역하여 'Did you eat? / Have you eaten?'과 같이 인사를 건넨다면 원어민들에겐 굉장히 어색하게 들릴 거예요. 왜냐하면 이 표현들은 원어민들에게 '함께 식사하자고 갑자기 권할 때' 쓰는 말로 적합하기 때문입니다.

29

원어민 게이지 ··· 50%

 009

How are you?

어떻게 지내세요?

Fine, thank you. And you?

좋아요, 고맙습니다. 당신은요? (잘 지내요. 당신은 어떻게 지내세요?)

> 기본적이면서도 유용하게 쓸 수 있는 표현들이긴 하지만, 너무 상투적이고 형식적인
> 뉘앙스를 갖고 있어요.

how 어떻게   fine 좋은, 잘

원어민 게이지 ··· 80%

 010

How are you doing? / How's it going?

어떻게 지내요?

How have(How've) you been?

어떻게 지냈어요? (잘 지냈어요?)

What have(What've) you been up to?

뭐하고 지냈어요? (그동안 어떻게 지냈어요?)

> 오래만에 만난 상대방에게 최근의 근황을 좀 더 상세히 듣고 싶다면 'What have you
> been up to?'라고 물어보세요.

I'm ok. 저는 괜찮아요. (그럭저럭 잘 지내요.)

↳ fine/not bad/good/great/excellent

괜찮은 ▭▭▭▭▭▭▶ 아주 좋은

> 위의 표현에서 원어민들은 'I am(I'm)'을 곧잘 생략해서 말해요. 참고로 'okay/fine/great/excellent'를 사용해서 답변할 땐 이 앞에 'doing'을 넣어서 말하기도 합니다.
> **e.g.** I'm <u>doing</u> okay. 전 잘 지내요.

I've been looking for a job. 저는 일자리를 찾고 있어요.

Nothing much. / Not much. 별일 없었어요.

That's <u>good</u> (to hear). [좋은 소식일 때] 그거 참 잘됐네요.

↳ great/excellent (아주 좋은)

That's a shame. [나쁜 소식일 때] 그거 참 안됐네요.

look for a job 직장을 구하다, 일자리를 찾다   shame 수치심, 창피, 아쉬운 일, 애석한 (딱한) 일

원어민 게이지 ⋯ 100%　　　　　011 ◀))

‖‖

Long time, no see. / It's been ages.

오랜만이에요.

age 나이, 시기 ('It's been ages.'를 직역하면 '긴 시간이 지났네요.'인데, 이는 자연스럽게 '오랜만이에요.'라고 해석)

Boost Up » 대화 마스터

012 ◀))▭▭▭

Wow! Sally! Long time, no see.
How are you?

Gary! It's been ages.
I'm doing great. How've you been?

That's good to hear.
I'm okay. What've you been up to?

I've been working a lot and spending time
with family. What about you?

I've been looking for a job,
but I still haven't found one.

That's a shame. You'll find one soon!

spend time with ~ ~와/과 시간을 보내다   What about you? 넌 어때?

와! Sally! 오랜만이다.
어떻게 지내?

Gary! 오랜만이야.
잘 지내고 있어. 어떻게 지냈어?

잘 지낸다니 좋네.
난 괜찮게 지내. 그동안 뭐하고 지냈어?

일도 많이 하고 가족과도 시간을 보내고 있어.
너는 어때?

일자리를 구하고 있는데,
아직 찾지 못했어.

그것 참 안됐네. 곧 (일자리를) 찾을 수 있을 거야!

Lesson 04
Making plans

Warm Up
└ 팩트 체크

≫

Level Up
└ 원어민 게이지

≫

Boost Up
└ 대화 마스터

Warm Up » 팩트 체크

ⓘ 일상적인 약속과 일정은 'plans', 계획이나 방안은 'a plan'!

'plan (앞으로 하려는 일)'은 복수형/단수형 쓰임에 따라 서로 다른 의미를
나타냅니다. 아래 활용법을 통해 그 쓰임을 살펴볼까요?

- make plans → (누군가와 함께 혹은 혼자서 할) 일정/약속을 정하다
  make plans with 사람 → (누구와 함께 하기로) 약속하다
  e.g. I made plans with my friend.
  나 친구와 함께 (무언가를) 하기로 했어. (나 친구랑 약속 있어.)

  make plans to 동사 → (누군가와 함께 혹은 혼자) 할 일정을 정하다
  e.g. I made plans to watch my favorite TV show tonight.
  난 오늘밤 내 최애 TV 쇼를 볼 거야.

- make a plan → (무언가를 어떻게 할지에 대한) 계획을 하다
  e.g. I made a plan to get a job.
  나 어떻게 일을 구할지 생각했어. (나 취직을 하려고 계획을 세웠어.)

참고로, 위 표현들에서 'make'는 모두 'have'로 바꾸어 쓸 수 있습니다.

ⓘ '나 (이미) 약속이 있어!' 할 때, 'promise' 안 돼요!

한국에서는 만나자는 약속을 거절할 때 흔히 바쁘다고 말하죠. 미국에서는
뭐라고 할까요? 일반적으로는 '나 (이미) 약속이 있어.'라고 말합니다. 이때
'약속'은 우리가 영어로 흔히 'promise'라고 알고 있는 '약속'과는 조금 다른
데요. 'promise'는 앞으로의 행동에 대해 결심하고, 다짐할 때 말하는 뉘앙
스의 '약속하다'입니다. 이미 예정된 일정이 있음을 알리고자 할 때 말하는
'약속'은 'I have plans. (나 약속이 있어.)'라고 이야기합니다.

원어민 게이지 ··· 50%

013

|||||||||||||||||||||||||||||||

Do you want to have dinner with me?

나랑 같이 저녁 먹을래요?

Okay. / Sure ⟶ Definitely. / Of course.

그래요. 당연하죠.

Do you want to ~? ~할래요? have dinner (저녁) 식사를 하다 sure 물론
definitely 분명히, 확실히 of course 물론, 그럼

원어민 게이지 ··· 80%

014

|||||||||||||||||||||||||||||||||||

When are you free?

언제 한가하세요? (언제 시간 되세요?)

I'm free on Friday.

금요일에 한가해요. (금요일에 시간 나요.)

How about going for a meal?

밥 먹으러 가는 거 어때요?

(That) Sounds good (to me).

좋아요.

free 한가한, 다른 계획(약속)이 없는 go for a meal 식사하러 나가다 sound ~ ~하
게 들리다

||||||||||||||||||||||||||||||||||||||||||||||||||||||||||||||||

What are you up to tomorrow?

내일 뭐해요?

Are you up/down for lunch?

점심 같이 할래요?

I'm up for it. / I'm down (for it).

그거 같이 할래요. (좋아요.)

> 위 표현에서 'be up/down for ~'는 '~하고 싶어 하다'라는 뜻으로 상대방에게 '~하
> 고 싶어요? → ~할래요?'와 같이 의향을 물어볼 때 아래와 같이 활용할 수 있습니다.
>   Are you up/down for 명사?
>   Are you up for 동사-ing? (*up만 쓰는 것에 유의)
> 또는 'Are you up/down to 동사?'로도 의향을 물어볼 수 있습니다.
> 참고로 'I'm up.'이라고만 하면 '일어났어요. / 깼어요.'라는 의미가 되므로 유의하기 바
> 랍니다.

Sounds like a plan.

좋아요. (그래요. / 좋은 생각이네요.)

> 'Sounds like a plan.'은 직역하면 '좋은 계획(생각)처럼 들려요.'인데, 이는 상대방의
> 생각이나 계획에 동의하거나 맞장구를 칠 때 '좋아요. / 그래요. / 좋은 생각이네요.'와
> 같이 자연스럽게 해석할 수 있습니다. 원어민들이 정말 많이 사용하는 표현이니 충분
> 히 익혀 두세요!

What are you up to ~? ~(때)에 뭐해요?　　be up/down for ~ ~하고 싶어 하다
sound like ~ ~처럼 들리다

Boost Up » 대화 마스터

016 🔊 ▭▭▭▭

Hey, Joy!
I was just going to message you.
What are you up to tomorrow?

Oh, hey!
Actually, I have plans tomorrow night. Why?

When are you free?
There's a new thriller out that I'm dying to see.
You love thrillers, right?

Yeah! I'm definitely down to see it.
I'm free on Saturday. How about seeing it then?

Sounds good to me. Are you up for
getting lunch before the movie?

Sure, I'm up for that. Sounds like a plan.
See you on Saturday!

be just going to ~ 막 ~하려던 참이다   thriller (책·연극·영화 등의) 스릴러물
definitely 확실히, 분명히 (위에서는 문맥상 강조의 뜻인 '진짜'로 해석)

안녕, Joy!
문자하려던 참이었어.
내일 뭐 할 거야?

아, 안녕!
사실, 나 내일 밤에 약속이 있어. 왜 그러는데?

언제 한가해?
정말 보고 싶은 새 스릴러 영화가 개봉했던데.
너 스릴러 영화 좋아하지?

좋아하지! 진짜 그거 보고 싶다.
토요일은 한가해. 그때 보는 거 어때?

좋은 생각이야.
영화 보기 전에 점심 먹을래?

그래, 그러자! 좋은 생각이야.
토요일에 봐!

get lunch 점심 먹다

Lesson 05
Canceling plans

Warm Up
└ 팩트 체크

Level Up
└ 원어민 게이지

Boost Up
└ 대화 마스터

Warm Up » 팩트 체크

(!) '개인 사정'으로 일정을 취소하고자 할 땐?

개인적인 사정(personal reasons)으로 약속을 취소해야 하는 경우에는 'due to/for/because of personal reasons (개인 사정이 있어서)'라는 표현을 써서 말하면 됩니다. 이 표현을 사용한다면 상대방에게 충분히 예의를 갖춘 부드러운 뉘앙스로 전달되며, 상대방 또한 약속이 취소되는 상황을 너무 심각하게 받아들이지 않습니다.

e.g. Due to personal reasons, I cannot attend the meeting.
개인 사정으로 회의에 참석할 수 없게 되었어요.

For personal reasons, I have to cancel our plans.
개인 사정 때문에 저희 계획을 취소해야 할 것 같아요.

I'm sorry, but I need to reschedule our plans because of personal reasons.
죄송하지만 개인 사정으로 인해 저희 일정을 다시 조정해야 할 것 같아요.

(!) '개인 사정'은 구체적으로 묻지 않는 것이 국룰!

미국에서는 누군가 'personal reasons (개인 사정)'를 들어 약속을 취소하면, 그 사정에 대해 더 이상 묻지 않습니다. 혹여 무슨 문제가 생긴 것은 아닌지 너무 걱정된다면, 'Is everything alright/okay? (괜찮은 거야?)'라고 물어보면 됩니다. 이 표현을 통해 '원한다면 더 자세한 이야기를 들어 줄 수 있다'는 의사를 상대방에게 충분히 전달할 수 있습니다.

원어민 게이지 ··· **50%**　　　017

I'm (really) sorry, but I need to cancel (our plans).

(정말) 죄송하지만, 우리 계획(일정)을 취소해야 할 것 같아요.

Can we reschedule?

우리 일정을 변경할 수 있을까요?

> need to ~ ~할 필요가 있다 (일상생활에서 어떤 목적을 달성하기 위한 요구 사항을 표현할 때 '~해야 한다'라는 의미로 많이 씀)　　cancel 취소하다　　reschedule 일정을 변경하다

 원어민 게이지 ··· **80%**　　　018

(I'm) (Really) Sorry for the late notice.

늦게 알려 드려서 (정말) 죄송해요.

I was (really) looking forward to this evening.

내가 (정말) 오늘 저녁을 얼마나 기다렸다고요.

> 위 문장에 쓰인 'look forward to ~'는 '~을/를 기대하다'라는 의미로, 미래에 일어날 일에 대한 기대를 나타낸다고 배웠지요? 원어민들은 이 표현을 약속이 취소되었을 때 아쉬움을 나타내기 위해서도 말합니다. 이때 '(약속) 기대하고 있었다 → 기다리고 있었다'는 의미로, 'I was looking forward to ~.'라고 과거 진행형을 씁니다.

> look forward to ~ ~을/를 기대하다, 고대하다

Something came up. (And I need to cancel.)

일이 생겼어요. (그래서 일정을 취소해야 할 것 같아요.)

> 'Something came up.'은 갑자기 약속을 취소해야 하는 경우에 쓸 수 있는 표현입니다. 당장은 (일이 생겨) 약속을 취소하지만 일정을 다시 잡아야 할 때는, 뒤에 'And I need to reschedule. (그래서 일정을 변경해야 할 것 같아요.)'이라고 덧붙여 말할 수도 있습니다.

Let me get back to you (on that).

다시 연락드릴게요.

(Can I get a) Rain check?

다음에 (약속을) 다시 잡아도 될까요?

Can we try this Thursday instead?

대신 이번 목요일에 볼까요?

> 일정 취소 후 다른 날로 만남을 제안할 땐 'Can we try ~? (~에 볼까요?)'뿐 아니라 'Can we meet on ~? (~에 만날 수 있을까요?) / How about meeting (on) ~? (~에 만나는 건 어때요?)'라고도 물어볼 수 있습니다. 이 뒤에 'It's a holiday. (휴일 이거든요.)' 등과 같은 말을 덧붙여 이유를 설명할 수도 있어요!

---

come up 생기다, 발생하다   get back to ~ (특히 회답을 하기 위해) ~에게 나중에 다시 연락하다   get/take a rain check (on ~) (~에 대해) 다음을 기약하다 (다음번에는 제 의 · 초대에 응하겠다는 뉘앙스)   instead 대신

Boost Up » 대화 마스터

020

> Hi, Beth.
> Are you still up for a picnic in the park on Sunday?

> Oh, hi, Paul.
> I'm really sorry for the late notice,
> but something came up. So, I can't make it.

> Really? That's a shame.
> I was really looking forward to hanging out with you.

> I know. I was looking forward to it, too.
> Can I get a rain check?

> Well, can we try next week instead?

> That might work.
> Let me get back to you.

picnic 소풍　　hang out with ~ ~와/과 시간을 보내다, 어울리다(놀다)
try 시도하다 (문맥상 '(공원으로 소풍 가는 것을) 시도하다'라는 뜻으로 'Can we try ~?'

안녕, Beth.
일요일에 공원으로 소풍 가는 거 아직 괜찮지?

아, 안녕, Paul.
늦게 알려 줘서 정말 미안한데,
갑자기 일이 생겨서 못 갈 것 같아.

그래? 아쉽네.
진짜 너랑 같이 놀고 싶었는데.

내 말이. 나도 기대하고 있었거든.
다음 기회로 미뤄도 될까?

그럼, 대신 다음 주에 갈까?

될 것 같아.
다시 연락할게.

는 '~에 갈까?'로 해석)   work 효과가 있다 (문맥상 '(다음 주는) 될 것 같다'라고
해석)

Lesson 06
Saying sorry

Warm Up
└ 팩트 체크

 » **Level Up**
└ 원어민 게이지

 » **Boost Up**
└ 대화 마스터

⚠ 'I'm sorry.'와 'I apologize.'의 차이는?

- I'm sorry (to 동사/for 명사/that절). → 슬픔, 후회, 유감 또는 참회

  e.g. I'm sorry to hear about your divorce.
  네 이혼 소식을 듣고서 내 마음이 안 좋더라.
  I'm sorry for what I did. I regret it.
  제가 한 일에 대해 미안해요. 후회하고 있어요.
  I'm sorry (that) you're sick.
  당신이 아프다니 유감이에요.

- I apologize. → 실패나 잘못한 것에 대한 인정
  책임의 소지가 말하는 사람에게 있음을 암시합니다. 격식을 차려야 하는 상황에서 더 어울리는 표현이며, 가까운 사람에게는 조금 더 진정성 있는 사과 표현이 될 수 있습니다.
  I apologize for 명사(구). → (무언가에 대해) 사과하다

  e.g. I apologize for my mistake.
  제 실수에 대해 죄송합니다.

  apologize to 사람. → (누구에게) 사과하다

  e.g. Why should I apologize to her?
  왜 내가 그녀에게 사과해야 해?

⚠ 애도를 표할 때도 'sorry'를 쓴다? YES!

미국에서 장례식장에 가면 가장 많이 쓰는 표현들은 다음과 같습니다.

e.g. I'm sorry for your loss. 상심이 크시겠습니다.
Please accept my condolences. 애도를 표합니다.

'sorry'는 사과의 의미뿐 아니라, 타인의 안타까운 일에 대한 유감을 표현할 때도 자주 쓰는 말이기 때문에 활용 예시를 많이 접해 두면 좋아요.

원어민 게이지 ··· 50%

021

|||||||||||||||||||||||||

I'm (really/so) sorry. (정말) 미안해요.

'I'm'을 생략하고 말할 수도 있지만, 그러면 듣는 사람으로 하여금 진정성이 느껴지지 않을 수 있기 때문에 주의해서 말해야 합니다.

I (sincerely) apologize. (진심으로) 죄송해요.
That's/It's okay. 괜찮아요.

so 너무, 정말(로)   sincerely 진심으로   apologize 사과하다 (apologise)

원어민 게이지 ··· 80%

022

|||||||||||||||||||||||||||||||||||

Please accept my apologies.

제 사과를 받아 주세요.

위 표현은 매우 예를 갖춰 사과할 때 쓰며, 굉장히 격식을 차려야 하는 상황에서 쓴답니다. 'apology (사과)'는 복수형/단수형 쓰임이 화자에 따라 다른데요.
다음 예문들을 참고하세요.
e.g. My apologies. [사과하는 입장] 죄송합니다. (사과드립니다.)
　　　 Apology accepted. [사과받는 입장] 사과 받아들일게요.

Please forgive me. 용서해 주세요.

48

I forgive you. 용서할게요.

accept 받아들이다, 수락하다   forgive 용서하다, (~해서) 죄송합니다

||||||||||||||||||||||||||||||||||||||||||||||||||||||||||||||||||||||||||

I promise (that) it will never happen again.

다시는 그런 일이 없을 거라고 약속할게요.

'promise (약속하다)'는 '(어떤 일을) 꼭 하겠다' 혹은 '하지 않겠다'는 다짐이나 결심
등을 나타낼 때 쓸 수 있습니다.

I'm sorry from the bottom of my heart.

진심으로 미안해요.

'from the bottom of my heart (진심으로)'는 사과할 때 조금 더 진정성을 나타내
고자 쓰는 표현입니다. 주로 문장의 맨 앞 또는 맨 뒤에 위치해요.

How can I make it up to you?

제가 어떻게 보상(만회)할 수 있을까요?

I'll let you off this time.

이번에는 넘어갈게요. (이번만은 봐줄게요.)

never 결코(절대/한 번도) ~ 않다   happen 있다(일어나다), 발생하다   again 다시
make it up to ~ ~에게 보상하다, 만회하다   let A off (for B) A에게 (B하는 것을) 면하
게 해 주다   this time 이번에

Boost Up » 대화 마스터

024 🔊

Jessica! I'm so sorry I'm late.
Traffic was crazy.
Were you waiting a long time?

Well, we made plans to meet at 2PM
and it's 3PM now.

From the bottom of my heart, I'm sorry.
How can I make it up to you?

You were late last time, too.

I promise I'll never be late again!
Please forgive me.

Fine. I'll let you off this time.
I forgive you, but only if you buy me a coffee.

wait a long time 오래 기다리다   traffic 교통(량)
crazy 정상이 아닌, 말도 안 되는

Jessica! 늦어서 정말 미안해.
교통체증이 심했어.
오래 기다렸지?

있잖아, 우리 2시에 만나기로 했는데
지금 3시잖아.

진심으로 미안해.
내가 어떻게 하면 화가 풀리겠어?

지난번에도 늦었잖아.

다시는 늦지 않겠다고 약속할게!
용서해 줘.

좋아. 이번엔 봐줄게. 단, 용서해 줄 테니
네가 커피 사. (네가 커피 사 주면 용서해 줄게.)

How can I make it up to you? 내가 어떻게 하면 만회할 수 있을까? (문맥상 '어떻게 하면 화가 풀리겠어?'라고 해석)   only if ~ ~해야만

Lesson 07
Saying thank you

Warm Up
└ 팩트 체크

≫

Level Up
└ 원어민 게이지

≫

Boost Up
└ 대화 마스터

Warm Up » 팩트 체크

ⓘ 호의에 보답하고 싶을 때는, 'buy'와 'treat'!

상대방이 호의를 베풀었을 때 감사함을 표현하기 위해 밥이라도 사고 싶을 때가 있죠. 이런 경우 영어로는 뭐라고 말할까요?

- buy A B → A에게 B를 사다

  e.g. Let me <u>buy</u> you dinner/lunch/coffee/a meal.
  제가 저녁/점심/커피/밥 살게요.

- treat A to B → A에게 B를 대접하다, 한턱 내다

  e.g. Let me <u>treat</u> you <u>to</u> dinner/lunch/coffee/a meal.
  제가 저녁/점심/커피/밥을 대접할게요.

만약 어떤 식으로든 나중에 보답을 하고 싶은데, 어떻게 해야 할지 잘 모르 겠다면 'I owe you one. (고마워요. 제가 신세를 졌어요.)'라고 한 번 말해 보세요.

ⓘ 해도해도 과하지 않은 말, '고맙습니다'!

미국에서는 대부분의 사람들이 고맙다는 말을 굉장히 자주 합니다. 가까운 친구 사이라도 혹은 아주 사소한 것이라도 상대가 날 위해 해 준 것이 있다 면 'Thanks.'라고 말하는 것이 좋습니다. 또, 자주 하는 말인 만큼 겉치레 인 사로 치부되지 않도록, 'Thanks.'만 쓰지 말고 조금씩 다르게 말해 보세요. 더욱 특별하게 감사함을 표현할 수 있습니다.

e.g. Thank you for subscribing to my channel.
제 채널을 구독해 주셔서 감사합니다.

'Thank you for ~. (~해 줘서 고맙다. / ~에 대해 감사하다.)'는 'for' 뒤에 감 사한 이유를 구체적으로 나타낼 수 있습니다. 감사한 마음을 다양한 방법으 로 표현해 보세요.

원어민 게이지 ⋯ 50% 025

Thank you.

감사합니다.

> 비교적 덜 격식을 차려야 하는 상황에서는 'Thanks.'라고 간단히 말해도 좋아요!

You're welcome.

천만에요.

> thank 감사하다   welcome 환영받는, ~해도 좋은

 원어민 게이지 ⋯ 80% 026

Thank you for all your help.

도와주신 것 전부 감사드립니다.

You're the best.

고마워요. (당신이 최고예요.)

(It's) My pleasure.

천만에요. (도움이 되어 기뻐요.)

> Thank you for ~. ~에 대해 감사합니다. (Thanks for ~.)   help 도움, 돕다   the best 최고의, 가장, 제일 좋은

I couldn't have done it without you!

당신 없이는 할 수 없었을 거예요!

What would I do without you?

당신 없이 내가 뭘 할 수 있겠어요?

Where would I be without you?

당신 덕분이에요! (당신이 없으면 내가 어디에 있겠어요?)

Thanks a million.

정말 고마워요.

> 모두 공치사, 즉 상대방에게 고마움을 표현할 때 원어민이 자주 쓰는 표현들입니다. 'Where would I be without you?'처럼 직역하면 이해하기 힘든 표현도 미국에서는 굉장히 자연스럽게 주고받죠!

(It's) No problem. 천만에요. (괜찮아요.)

It's no big deal. 별 거 아니에요.

Don't sweat it. 천만에요. (별 거 아니니 개의치 말아요.)

> 'Don't sweat it.'을 직역하면 '땀 흘리(는 수고를 하)지 마세요.'인데, 일상에서 상대방의 감사·부탁에 대한 답변으로 '별 거 아니니 개의치 마세요. / 천만에요.'와 같은 의미로 용이하게 쓰입니다. 또한 상대에게 용기를 북돋아 주기 위해 별 거 아니니 해낼 수 있다는 뉘앙스로 '별거 아니에요. / 걱정 말아요.'라는 의미로도 많이 쓰입니다.

without ~ ~ 없이   million 100만, 수많은   deal 건, 거래

Boost Up » 대화 마스터

028

Thank you for all your help today.
Honestly, I couldn't have done it
without you, Mrs. Smith!

It's my pleasure.
I'm always happy to help.

You're the best.
I never could have learned
how to play the song without you.

Don't sweat it. It's really no problem.
Now, you just need to practice.

Yes! I will practice like crazy.
Thanks a million.

See you next time!

honestly 솔직히, 정말로　be happy to ~ 기꺼이 ~하다　learn how to ~
~하는 법을 배우다　play a song 노래를 연주하다　Don't sweat it. 걱정하지 마.

56

오늘 많은 도움 주셔서 감사합니다.
솔직히, Smith 선생님 안 계셨으면
할 수 없었을 거예요!

천만에.
항상 기꺼이 도울게.

감사합니다. (선생님이 최고예요.)
선생님이 안 계셨으면 그 노래 연주하는 법을
배울 수 없었을 거예요.

걱정하지 마. 정말 문제 없단다.
이제, 연습만 하면 돼!

네! 엄청나게 연습할 거예요.
정말 감사해요.

(그럼) 다음에 보자!

(위에서는 걱정하는 상대방에게 용기를 북돋아 주는 뉘앙스)　　practice 실행, 연습
하다　　like crazy 미친 듯이, 맹렬히 (위에서는 자연스럽게 '엄청나게'로 해석)

Lesson 08
Saying goodbye

Warm Up ≫ Level Up ≫ Boost Up
└ 팩트 체크   └ 원어민 게이지   └ 대화 마스터

Warm Up » 팩트 체크

⚠️ '나 가야 해!'는 영어로, 'Gotta go!'

먼저, '~해야 한다'라는 뜻을 나타내는 표현을 2가지로 살펴볼게요.

- I have to 동사. → 교과서에서 배운 표현으로, 글로 적을 때 또는 말할 때 모두 씁니다.

  e.g. I have to leave.

  나 떠나야 돼. / 나 가야 해.

- Gotta 동사. → (격식을 차리지 않는 상황에서) 말할 때만 씁니다.

  'I have got to 동사. → I've got to 동사. → Gotta 동사.'의 형태로 줄인 표현입니다. 특히, 'Gotta go. (나 가야 해.)'는 굉장히 편한 사이에 가벼운 분위기 속에서 쓰는 작별 인사입니다. 서둘러 헤어질 때 친구나 가족에게 말할 수 있지만, 급하지 않은 상황에서는 자칫 무례하게 들릴 수 있으니 주의해야 합니다.

  e.g. Sorry. Gotta go!

  미안. (나) 가야 돼!

⚠️ 초대받은 자리에서 먼저 떠나야 할 때는?

미국에서는 누군가와 친해지면 집에 초대하는 일이 많습니다. 저녁 파티 또는 하우스 파티에 초대해 함께 영화를 보거나 다양한 사람들과 어울려 게임을 할 수 있지요. 식당 같은 외부의 장소에서 헤어질 때보다 실내에서, 특히 다같이 있다가 먼저 자리에서 일어나야 할 때 더 어색하고 불편할 수 있어요. 그럴 때는 다음과 같이 말해 보세요.

e.g. Thank you so much for inviting me. I've got to get going now, but I had a great/lovely time.

초대해 주셔서 정말 감사해요. 지금 가 봐야 할 것 같은데, 정말 즐거운 시간이었어요.

원어민 게이지 ⋯ 50%   029 🔊

Goodbye.

안녕히 가세요. (안녕히 계세요.)

Bye. / Bye-bye.

안녕. (잘 가.)

> bye (헤어질 때 하는) 안녕

 원어민 게이지 ⋯ 80%   030 🔊

(I'll) See you next time.

다음에 봐요.

(I'll) Talk to you later. 나중에 (다시) 이야기해요.

Later. 다음에 (봐요).

> 'Later.'는 헤어질 때 다음에 보자는 의미로 흔히 쓰는 표현이지만, 굉장히 편한 사이
> 에서만 주고받는 말이라는 점을 기억해 주세요.

Have a good day. 좋은 하루 보내세요.

> 잘 알고 있는 표현이죠? 'Have a nice day/night. (좋은 하루/밤 보내세요.)'라고도
> 할 수 있어요.

It was nice seeing you.

만나서 좋았어요. (반가웠어요.)

'It was <u>nice seeing</u> you.' 대신 'It was <u>good to see</u> you.'라고도 할 수 있어요. 아주 간단히 '(It was good to see) You, too.'라고도 답할 수 있습니다. 이때 'Me, too.'라고 말하면 'It was good to see <u>me</u>, too.'가 되기 때문에 잘못된 표현입니다!

talk to ~ ~에게 이야기하다

원어민 게이지 ⋯ 100%　　　　　　　　031 ◀)) ▭▭▭

‖‖

(I'll) Catch you later. 다음에 봐요.

I'm off. 전 이만 가 볼게요.

Take care. 몸 조심하세요. (안녕히 가세요. / 안녕히 계세요.)

I've got to get going. 전 이만 가 봐야 할 것 같아요.

I must be going. 이만 가야 해요.

'I've got to get going.' 대신 'I should get going.'이라고도 할 수 있어요. 둘 다 비교적 격식을 덜어 낸 표현들입니다. 정중한 표현을 써야 하는 상황에서는 위 표현들 중 'I must be going.'이라고 말하는 걸 추천해요.

catch 때마침 만나다　　get going (쉬었다가) 계속 가다, (할 일이나 여행 등) 시작하다
be off 떠나다, (특히 급하게) 가다　　take care 조심하다 (be careful)

Boost Up » 대화 마스터

032

I had so much fun today.
Thanks again for inviting me.
I should get going now.

I had a blast, too. Thanks for coming.
It was nice seeing you.

Let me know when you have time
to hang out again. Have a good night.

Sure, I'll talk to you later.
Have a nice night.

I'm off. Take care!

Catch you later!

have fun 즐기다, 재미있게 놀다　　invite 초대(초청)하다, 청하다　　have a blast
아주 즐거운 한때를 보내다　　hang out 많은 시간을 보내다, 어울려 놀다

오늘 너무 즐거웠어.
초대해 줘서 다시 한 번 고마워.
이제 가 봐야겠다.

나도 즐거웠어. 와 줘서 고마워.
만나서 반가웠어.

다음에 또 어울릴 때 알려 줘.
좋은 밤 보내.

물론이지, 나중에 (또) 얘기하자.
좋은 밤 보내.

갈게. 잘 있어!

나중에 봐! (또 보자!)

퀴즈 플레이

❶ It's good to finally ▒▒▒▒ to the name!

(얘기만 듣다가 이렇게) 만나게 되어 좋네요!

❷ ▒▒▒▒ to introduce myself.

My ▒▒▒▒ is Samantha.

제 소개를 할게요.
저는 Samantha입니다.

❸ ▒▒▒▒ you been ▒▒▒▒ ?

그동안 뭐하고 지냈어?

❹ Sounds ▒▒▒▒ to me.

Are you ▒▒▒▒ getting lunch before the movie?

좋은 생각이야.
영화 보기 전에 점심 먹을래?

❺ Can I get a ▒▒▒▒ ?

다음 기회로 미뤄도 될까?

---

1. put a face   **2.** Allow me, name   **3.** What've, up to
4. good, up for   **5.** rain check

6 I have ▨▨▨▨▨ tomorrow night.

난 내일 밤에 약속이 있어.

7 From the ▨▨▨▨▨, I'm sorry.

진심으로 미안해.

8 I ▨▨▨▨▨ have done it ▨▨▨▨▨ you.

너 없이는 할 수 없었을 거야. (고마워.)

9 I should get ▨▨▨▨▨ now.

이제 가 봐야겠다.

10 I'll talk to you ▨▨▨▨▨.
Have a nice ▨▨▨▨▨.

나중에 (또) 얘기하자.
좋은 밤 보내.

---

6. plans   **7.** bottom of my heart   **8.** couldn't, without
9. going   **10.** later, night

CHAPTER 02

Dates and Time

날짜와 시간

Lesson 01
Asking & giving the time

Warm Up
└ 팩트 체크

Level Up
└ 원어민 게이지

Boost Up
└ 대화 마스터

Warm Up » 팩트 체크

⚠ 오전은 'AM', 오후는 'PM'을 사용해서 시간을 말해요!

- 오전 → AM [에이엠] / in the morning (아침에)
  e.g. It's 5 AM. / It's 5 (o'clock) in the morning.
  오전 5시입니다.

- 오후 → PM [피엠] / in the afternoon (오후에) / in the evening (저녁에)
  / at night (밤에) / noon (오후 12시 정각)
  e.g. It's 6 PM. / It's 6 (PM) in the evening.
  오후 6시입니다.
  It's 12 in the afternoon. / It's noon.
  오후 12시입니다.

그럼 '새벽' 시간대는 영어로 뭐라고 할까요? 'AM' 또는 'in the middle of the night'이라고 해요. 명사 'dawn (새벽)'은 시각을 말할 때는 쓰지 않아요.
e.g. It's 2 o'clock in the middle of the night. / It's 2 AM.
새벽 2시입니다.

⚠ 시간을 말할 때 '오전/오후', 왜 중요할까?

미국에서는 24시간으로 이루어진 시계를 거의 쓰지 않습니다. 군대나 정부에서만 사용한다고 보면 됩니다. 따라서 숫자가 12까지만 있는 시계는 '오전'과 '오후'를 구별하기 위한 표현이 중요합니다. 맥락도 중요하지만, 때때로 불확실한 경우가 생기기 마련인데요. 그럴 땐 'AM/PM', 'in the morning/afternoon/evening', 'at night' 등을 덧붙여 말해 줍니다.

원어민 게이지 ··· 50%

033

What time is it? 지금 몇시예요?

It is(It's) 3 o'clock. 3시예요.

'o'clock'은 시간대가 오전인지 오후인지, 또 몇 분인지도 알 수 없어요. 따라서 듣는 사람은 말하는 시간이 오전인지 오후인지 파악해야 하고, 말하는 사람은 정각일 때만 'o'clock'이라고 합니다.

It is(It's) 3:05. 3시 5분이에요.

위 표현과 같이 분 단위가 일의 자리여서 앞에 00이 붙을 때는 0을 [oh]라고 말한답니다.
e.g. It's 2:01. [It's two oh-one.]

time 시간

원어민 게이지 ··· 80%

034

Excuse me, could you tell me what time it is, please?

실례합니다만, 몇 시인지 말씀해 주실 수 있나요?

Do you have the time? / Have you got the time?

지금 몇 시인지 아시나요? (지금 몇 시인가요?)

'Do you have <u>the</u> time? / Have you got <u>the</u> time?'은 현재 시각을 묻는 표현들입니다. 여기서 'the'를 빼고 말하면, 'Do you have time? / Have you got time? (시간 좀 있니?)'으로 의미가 전혀 달라집니다.

It is(It's) 3 sharp. 지금 3시 정각이에요.

It's 11 AM/PM. 오전/오후 11시예요.

Excuse me. 실례(미안)합니다.　　have the time 몇 시인지 알다　　Have you got
the time? 지금 몇 시입니까?　　sharp 정각

 원어민 게이지 ··· 100%　　　　　　　　035

It's twenty past/after two. 2시 20분이에요.

It's five to/before/until/till six.

6시 되기 5분 전이에요. (5시 55분이에요.)

'past/after'는 01-30분, 'to/before/until/till'은 31-59분 사이에 써요.

It's half past four. 4시 30분이에요.

It's a quarter to seven.

7시 (되기) 15분 전이에요. (6시 45분이에요.)

past 지난　　after 후에　　to/until/till ~ ~까지　　half (절)반　　quarter 15분, 1/4

Boost Up » 대화 마스터

036 ◀))

Excuse me,
could you tell me what time it is, please?

Sure, it's a quarter past 6 PM.

Have you got the time?

Hang on. It's 11 o'clock sharp.

Do you have the time?

It's ten to four.

Hang on. (남에게 하는 말로) 잠깐만요. (잠시만요.)

실례합니다만,
(지금) 몇 시인지 말씀해 주실 수 있을까요?

네, 오후 6시 15분입니다.

지금 몇 시인지 아시나요?

잠시만요. 11시 정각이에요.

지금 몇 시인지 아시나요?

3시 50분입니다.

Lesson 02

Asking & giving the date

Warm Up
└ 팩트 체크

≫

Level Up
└ 원어민 게이지

≫

Boost Up
└ 대화 마스터

ⓘ 연도, 4자리는 어떻게 읽을까?

- ~ 1999년 → 앞뒤 숫자 2개씩 끊어 읽기

  e.g. 1850 [eighteen fifty]

  1999 [nineteen ninety-nine]

  이때, 연도의 끝자리 숫자 2개가 01–09 사이면 'oh ~', 00이면 'hundred'라고 합니다.

  e.g. 1705 [seventeen oh five]

  1900 [nineteen hundred]

- 2000년 ~ 2009년 → 'two thousand and ~'

  e.g. 2005 [two thousand and five]

- 2010년 ~ → 앞뒤 숫자 2개씩 끊어 읽기 또는 'two thousand and ~'

  e.g. 2015 [twenty fifteen] / [two thousand and fifteen]

ⓘ 미국에서 날짜를 표기하는 방법은?

미국에서는 월-일-년 순서로 날짜를 표기하는 것이 일반적입니다. 예를 들어, 화장품 용기 등에 제조 날짜가 '10-24-21'이라고 적혀 있으면 'October 24, 2021 (10월 24일, 2021년)'이라는 의미입니다. 1월부터 9월까지는 앞에 0을 붙여도 되고 안 붙여도 되지만, 0을 안 붙이는 방식을 더 흔하게 볼 수 있습니다.

e.g. 1-3-12 = 01-03-12 1월 3일, 2012년

날짜를 표기할 때는 앞서 예를 든 바와 같이 대시(–)를 주로 사용합니다. 또는 마침표나 슬래시(/)로 날짜를 표기하는 것도 가능합니다.

e.g. 01.03.12. = 1/3/12 1월 3일, 2012년

원어민 게이지 ··· 50%

037

What's the date today? / What's today's date?

오늘 며칠이에요?

> 두 질문에서 각각 'today / today's'를 'tomorrow / tomorrow's'로 바꿔 '내일은 며칠이에요?' 하고 내일 날짜를 물어볼 수 있습니다.

It is(It's) April 10th. 4월 10일이에요.

> 위 표현에서 'It is ~.' 대신 직접적으로 'Today is ~. (오늘은 ~이에요.) / Tomorrow is ~. (내일은 ~이에요.)'라고 말할 수 있습니다.
> 영어로 날짜를 말할 때는 기수(one, two, three, …)가 아닌 서수(first, second, third, …)를 사용합니다. 그래서 '10일'은 'ten'이 아니라 '10th(tenth)'라고 하지요.

date 날짜, 시기   April 4월

원어민 게이지 ··· 80%

038

What day is it? 무슨 요일이에요?

> 가끔 원어민들은 날짜를 물을 때 이렇게 말하기도 해요. 그래서 먼저 무슨 요일인지 답 하고, 'No, what's the date today? (아니, 오늘 며칠이야?)'라고 다시 물으면 그때 날짜를 이야기해 주면 됩니다.

It's the sixth of March. 오늘은 3월 6일이에요.

일반적으로 'It's March 6th. (3월 6일이에요.)'와 바꿔 말할 수 있어요. 하지만 격식을 차리는 상황에서는 위 표현이 조금 더 정중하게 느껴질 수 있어요. 익숙하지 않은 표현이므로 참고하기 바랍니다.

What year is/was it? 몇 년도예요? / 몇 년도였어요?

March 3월   year 해, 1년, 연도

원어민 게이지 ··· 100%   039

In what year did that happen?

몇 년도에 그런 일이 일어났어요?

On what day did you do that?

무슨 요일에 그런 거예요?

Let's meet the week of the 10th.

10일(이 있는) 주에 만나요.

We met one day later.

우린 하루 뒤에 만났어요. (우린 다음 날에 만났어요.)

They met two days ago.

그들은 이틀 전에 만났어요. (그들은 그저께 만났어요.)

happen 일어나다, 발생하다   later 후, 뒤   ago 전

Boost Up » 대화 마스터

040

Hey, Kate.
Let's go play tennis the day after tomorrow.

Let me check my calendar.
What day is that?

Well, today is the eighth of November.
So, the day after tomorrow is the tenth.

I'm busy that day.
Can we play two weeks later?
It's the week of the 22nd.

Okay. On what day?

How about Tuesday the 23rd?

go play tennis 테니스 치러 가다　　the day after tomorrow 내일 모레
check my calendar 일정(스케줄)을 확인하다　　How about ~? ~은/는 어때?

안녕, Kate.
내일 모레 테니스 치러 가자.

일정 좀 확인해 볼게.
(그날이) 무슨 요일이지?

음, 오늘이 11월 8일이니까
내일 모레는 10일이지.

그날은 바빠.
2주 후에 (테니스) 칠까?
22일이 있는 주야.

그래. (그 주) 무슨 요일에?

23일 화요일 어때?

퀴즈 플레이

① Excuse me, could you ⬚⬚⬚ what time it is, please?

실례합니다만, (지금) 몇 시인지 말씀해 주실 수 있을까요?

② Sure, it's a ⬚⬚⬚ past 6 PM.

네, 오후 6시 15분입니다.

③ ⬚⬚⬚ you got the time?

지금 몇 시인지 아시나요?

④ Hang on. It's 11 o'clock ⬚⬚⬚.

잠시만요. 11시 정각이에요.

⑤ It's ten ⬚⬚⬚ four.

3시 50분입니다.

---

1. tell me   **2.** quarter   **3.** Have
4. sharp   **5.** to/before/till/until

6 Let's go play tennis   tomorrow.

내일 모레 테니스 치러 가자.

7 What   is that?

(그날이) 무슨 요일이지?

8 Well, today is the eighth   November.
So, the   after tomorrow is the tenth.

음. 오늘은 11월 8일이니까 내일 모레는 10일이지.

9 Can we play two weeks   ?
It's the   of the 22nd.

우리 2주 후에 (테니스) 치면 어때?
22일(이 있는) 주야.

10 How about Tuesday   23rd?

23일 화요일 어때?

---

6. the day after   **7.** day   **8.** of, day
9. later, week   **10.** the

Food

음식

Lesson 01
Ordering food

Warm Up
└ 팩트 체크

≫

Level Up
└ 원어민 게이지

≫

Boost Up
└ 대화 마스터

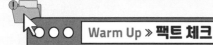

Warm Up » 팩트 체크

❗ 'today's special(오늘의 추천 메뉴)' 주세요!

'today's special' 또는 '(dish) of the day'는 그날의 추천 메뉴(특별 요리)를 말해요. 추천 이유는 재료가 신선하고 제철이라 그럴 수도 있고, 요리사가 그 날만 만들기 때문일 수도 있어요. 종종 이런 메뉴는 다른 날에 주문할 수 없다는 의미로 'off the menu (메뉴판에 없는)'일 수 있어요. 다음과 같이 식당 종업원이 추천 메뉴를 설명해 주거나, 손님이 먼저 물어볼 수도 있어요.

• 식당 종업원이 말하는 경우

e.g. Would you like to hear about today's soup of the day?
오늘의 수프에 대해 들어 보시겠어요?

Today's special is Alaskan salmon.
오늘의 특별 요리는 알래스카 연어입니다.

• 손님이 물어보는 경우

e.g. Are there any specials?
특별 요리가 있나요?

What do you recommend?
어떤 요리를 추천하시나요? (추천해 주실 만한 게 있나요?)

❗ 식당 종업원을 부를 땐 'Excuse me'!

미국 식당에서는 테이블마다 주로 담당하는 종업원이 이미 있는 경우가 많아요. 그래서 손님을 지켜보고 있다가 주문할 준비가 되었는지 와서 묻거나, 더 필요한 것이 있는지 식사 중에 확인하기도 합니다. 만약 아무도 먼저 테이블로 오지 않거나, 물을 더 달라고 하는 등의 도움을 요청할 경우에는 손을 들어 담당 종업원을 보고 'Excuse me.'라고 말해 보세요. 담당 종업원을 찾을 수 없을 때에만 다른 종업원에게 도움을 요청하는 걸 추천해요.

원어민 게이지 ··· 50%

041 🔊 ▭▭▯

Can I take your order? / Are you ready to order?

주문하시겠습니까?

Yes. I'd like two hamburgers. 네. 햄버거 2개 주세요.

> 메뉴 '하나'만 주문할 땐 음식 이름 앞에 관사(the/a/an)나 'one'을 써요. 관사는 메뉴
> 가 일반적인 음식 이름일 경우 'a/an', 식당에서 지은 이름처럼 조금 특별한 경우
> 'the'를 붙이면 자연스럽습니다.
>
> **e.g.** I'd like a/one salad. 샐러드 (하나) 주세요.
> I'd like the/one Santa Fe Salad.
> Santa Fe 샐러드 (하나) 주세요.

> take order 주문받다   be ready to ~ 지금 (바로) ~하다   I'd like ~. ~이/가 좋겠어
> 요. (문맥상 '~을/를 주세요.'라고 자연스럽게 해석)

원어민 게이지 ··· 80%

042 🔊 ▭▭▭

I'll have/get a burrito. 부리토 (하나) 주세요.

Can I have/get a drip coffee?

드립 커피 (한 잔) 주시겠어요?

> 'have/get'은 원래 '가지다/얻다'라는 의미가 있지만, 음식을 주문할 때 'I'll have/
> get ~.'과 'Can I have/get ~?'이라고 말하면 자연스럽게 각각 '~ 주세요. / ~ 주시
> 겠어요?'라고 해석합니다.

Do you have sandwiches? 샌드위치 있어요?

burrito 부리토   Do you have ~? (주문할 때) ~ 있나요?

 원어민 게이지 ⋯ 100%   043

What can I get (for) you? 뭘로 드릴까요?

I'll/We'll start with an appetizer. 전채 요리 먼저 주세요.

위 표현은 코스 요리 또는 여러 가지 메뉴를 주문할 때 씁니다.

We're going to split/share a pancake.

팬케이크는 나눠 먹을게요.

종업원에게 음식을 나눠 먹는다고 말하면, 덜어 먹기 좋게 음식을 내어 주거나 덜어 먹을 여분의 그릇 등을 준비해 줍니다.
양식의 경우 메뉴가 주로 appetizer (전채/애피타이저) – entrée (주 요리 / 메인 요리) – dessert (후식/디저트) 코스로 구성되어 있는데요. 위 표현의 경우, 'We're going to split/share a pancake <u>for a dessert</u>.' 또는 'We're going to split/share <u>a dessert</u>.'라고도 말할 수 있습니다.

We need more time (to look at the menu).

(메뉴를 볼) 시간이 더 필요해요. / 아직 주문할 준비가 안 됐어요.

What can I get (for) you? (주문받을 때) 뭘로 드릴까요?   start with ~ ~(으)로 시작하다 (문맥상 '~ 먼저 주세요'라고 해석)   be going to ~ ~할 셈이다, ~할 것이다   split/share 나누다   look at ~ ~을/를 보다

Boost Up » 대화 마스터

044 ◀))▭▭▭

Good evening.
Are you ready to order?

Actually, we need more time
to look at the menu.

No problem. Let me know when you're ready.

Excuse me! We're ready to order.

What can I get for you?

We'll start with two cocktails.
Then, we're going to split the Western French
Fries for an appetizer.
Finally, we'll both get steaks for our entrées.

actually 저, 실은, 사실은　　Let me know ~. ~을/를 알려 주세요.
finally (여러 개를 언급할 때) 마지막으로　　both 둘 다

안녕하세요.
주문하시겠습니까?

저 (실은), 메뉴를 볼 시간이
더 필요해요.

알겠습니다. 주문할 때(준비되면) 알려 주세요.

저기요! 저희 주문할게요.

뭘로 드릴까요?

칵테일 2잔 먼저 주세요.
그리고 애피타이저용 웨스턴
감자 튀김은 나눠 먹을게요.
마지막으로, 둘 다 메인 요리는 스테이크로 할게요.

Lesson 02
Describing taste & flavor

Warm Up
└ 팩트 체크

Level Up
└ 원어민 게이지

Boost Up
└ 대화 마스터

Warm Up » 팩트 체크

❗ 'flavor (풍미)'는 'taste (맛)'를 포함하는 음식의 완전한 경험!

- taste → 우리 몸의 오감(맛(taste), 촉각(touch), 냄새(smell), 시야 (sight), 청각(hearing)) 중 하나로, 혀로 느낄 수 있는 맛(단맛(sweet), 신맛(sour), 쓴맛(bitter), 짠맛(salty), 감칠맛(savoriness/umami))을 나 타냅니다.

  e.g. This pasta tastes good. 이 파스타는 맛있어요.

  This dark chocolate tastes too bitter.

  이 다크 초콜릿은 너무 써요.

  동사일 때 '(맛을 확인하기 위해) ~을/를 맛보다'라는 뜻으로 쓰기도 해요.

  e.g. I tasted the sample.

  저는 시식용 음식을 맛보았어요.

- flavor → 식감, 냄새, 맛(taste) 등을 모두 포함해요.

  e.g. The spicy flavor is refreshing.

  매운 맛이 개운해요.

  동사로는 '(음식의 맛을 바꾸기 위해) ~을/를 첨가하다'라는 뜻이죠.

  e.g. I flavored the shrimp with lemon and basil.

  새우에 레몬과 바질을 넣어 맛을 냈어요.

❗ 더 권하는 음식을 사양하고 싶을 땐?

미국에서는 다른 사람이 만든 요리를 더 먹고 싶은지 물어 올 때 다음과 같 이 사양할 수 있어요. 기억해 두었다가 잘 활용해 보세요!

e.g. I'm so full I couldn't eat another bite.

배가 너무 불러서 한 입도 못 먹겠어요.

I'm saving room for dessert.

디저트가 들어갈 공간은 아껴 둘래요.

원어민 게이지 ··· 50%

045

The fish tastes <u>good.</u> ⟶ <u>bad.</u>

생선이 맛있어요.   맛없어요.

위 표현은 음식이 '맛있다' 또는 '맛없다'라는 것을 나타내는 가장 간단한 표현입니다.

fish 생선   A taste(s) good. A가 맛있어요.   A taste(s) bad. A가 맛없어요.

원어민 게이지 ··· 80%

046

This bread roll tastes <u>buttery.</u>

이 롤빵은 버터 맛이 나요.

salty (짠맛)/sweet (단맛)/savory (고소한 맛)/sour (신맛)/
bitter (쓴맛)/fishy (비린 맛)/stale (오래된 맛)/bland (싱거운 맛)/
rotten (썩은 맛)/moldy (곰팡이 슨 맛)/meaty (고기 맛) 등

위 표현을 통해 음식 맛이 '어떠한지' 구체적으로 나타낼 수 있어요.

It is too sour for me.

그건 나한테 너무 셔요.

'taste' 대신 be동사(is/are)를 써도 좋습니다. 다만, 개인마다 느끼는 정도가 다르기 때문에, 'for me'를 통해 주관적인 의견임을 나타내 줄 수 있습니다.

This old sandwich tastes like rotten eggs.

이 오래된 샌드위치는 썩은 달걀 (같은) 맛이 나요.

taste ~ 맛이 ~하다, ~을/를 맛보다 　 taste like ~ ~ 같은 맛이 나다

 원어민 게이지 ··· 100% 　 047

I have a sweet tooth.

전 단 것을 좋아해요.

I'm craving something salty.

짠 게 먹고 싶어요. (짠 음식이 당겨요.)

This soup makes me sick.

이 수프는 절 메스껍게 해요. (수프 때문에 메스꺼워요.)

I'm saving room for dessert.

디저트가 들어갈 공간은 남겨 둘래요. (그만 먹을래요.)

> 위 표현들은 음식의 맛을 묘사하는 것을 넘어, 맛과 관련한 감정과 의견을 나타내는 데 아주 유용할 거예요. 잘 기억해 두었다가 상황에 맞게 활용해 보세요!

have a sweet tooth 단 것(음식)을 좋아하다 　 be craving ~ ~이/가 당기다 　 make A sick A를 역겹게 만들다 (문맥상 'A를 메스껍게 하다'로 해석) 　 room for ~ ~을/를 위한 공간

Boost Up » 대화 마스터

048

Did you try the mashed potatoes?
They taste nice and buttery.

Yes, I tried them.
They are too salty for me.

Really? I hope they won't make you sick.

No, I'm alright.
Anyway, I was craving steak,
so I'll just eat more steak instead.

To me, the steak tastes like a hamburger.
I'm saving room for dessert.
I have a sweet tooth.

Me too! How about we split a brownie?

try 해 보다 (문맥상 '먹(어 보)다'로 해석)   mashed 으깬   hope 바라다
alright 괜찮은 (all right)   anyway 그건 그렇고, 하여간

으깬 감자 먹었어?
맛나면서 버터 맛이 나.

응, 먹었어.
나한테는 너무 짜.

진짜? 그것 때문에 탈나지 않아야 할 텐데.

안 그래(탈 안 나), 괜찮아.
그건 그렇고, 스테이크가 너무 먹고 싶었어.
(그래서) 스테이크를 대신 좀 더 먹으려고.

나한텐 스테이크에서 햄버거 맛이 나.
디저트 먹을 배를 남겨 둬야지.
난 단 걸 좋아하거든.

나도! 브라우니 나눠 먹을까?

Lesson 03

Requesting changes

변경 요청하기

Warm Up
└ 팩트 체크

Level Up
└ 원어민 게이지

Boost Up
└ 대화 마스터

Warm Up » 팩트 체크

(!) 소고기/달걀 조리 방식 정할 땐, 'I'd like A(음식) B(방식).'

미국에서는 소고기나 달걀을 곁들인 요리를 주문 시 원하는 조리 방식을 정할 수 있습니다. 'I would like A(음식) B(방식). (A를 B로 하고 싶어요. / A를 B로 해 주세요.)'를 활용해 다음과 같이 묻고 답해 보세요.

· 소고기 조리 방식 정할 때

e.g. How would you like your meat/steak/beef cooked?
How would you like that (cooked)?
(소고기는) 어떻게 조리해 드릴까요?
I would like it <u>well-done</u>. 완전히 익혀 주세요.

⤷ well-done/medium/medium-rare/rare

완전히 익힌 ▓▓▓▓▓▓▓▓▓▓➡ 거의 안 익힌

· 달걀 조리 방식 정할 때

e.g. How would you like your eggs? 달걀은 어떻게 해 드릴까요?
I'd like my eggs <u>scrambled</u>. 스크램블로 해 주세요.
Can I get my eggs <u>over easy</u>? 달걀 반숙으로 해 주실 수 있나요?

⤷ scrambled (스크램블)/sunny-side up (아랫면
만 익힌)/poached (수란)/hard-boiled (완숙)

그 외에 'omelet (오믈렛) / eggs Benedict (에그 베네딕트) / deviled eggs (데빌드 에그)' 등의 요리를 요청할 땐, 이렇게 말해 보세요.

e.g. Can I get an omelet? 오믈렛으로 주시겠어요?

(!) 개인에게 최적화된 주문하기!

미국 식당과 카페 등에서 원하는 식이요법에 따른 메뉴가 있는지는 다음과 같이 물어볼 수 있으니 사용해 보세요.

e.g. Are there any <u>vegan/vegetarian/gluten-free/low-carb</u> options?
비건/채식(일부 허용 식단)/글루텐프리/저탄수화물 옵션 있나요?

원어민 게이지 ··· **50%**

049

Please make the curry less spicy.

카레를 덜 맵게 해 주세요.

Could/Can you please make the milk hot?

우유를 뜨겁게 해 주시겠어요?

Is it possible to get more sauce? 소스 좀 더 주시겠어요?

Could/Can I get extra chips? 감자칩 좀 더 주시겠어요?

> 'Could you please/Is it possible to/Could I 동사 ~?' 모두 '~해 주시겠어요? (~
> 해 주실 수 있나요?)'라는 뜻이에요. 문맥상 '허락/가능성'이 아닌 '부탁/요청'으로 자
> 연스럽게 해석합니다.

make A B(형용사) A를 B하게 하다   less 덜한   extra 추가의   chips 감자칩

원어민 게이지 ··· **80%**

050

Is it possible to get veggies instead of a baked potato?

구운 감자 대신 야채를 주실 수 있나요?

Could/Can I substitute pizza with salad?

피자를 샐러드로 바꿀 수 있나요?

Is it possible to replace the taco with a burrito?

타코를 부리토로 바꿀 수 있나요?

> get A instead of B B를 A로 바꾸다, 대신하다 (substitute B with A / substitute A for B / replace B with A)

원어민 게이지 ··· 100%   051 ◀))

||||||||||||||||||||||||||||||||||||||||||||||||||||||||||||||||||||||

Could/Can I get the salad dressing on the side?

샐러드 드레싱을 따로 주실 수 있나요?

> 'on the side'는 '따로'라는 뜻 외에 '곁들인'이라는 의미도 가지고 있어서 다음과 같은 표현도 가능합니다.
>
> **e.g.** Can I get bread on the side? 빵을 곁들여 주실 수 있나요?

Hold the onion, please. / No onion, please.

양파는 넣지 말아 주세요.

Go easy/light on the garlic, please.

마늘은 조금만 주세요.

I can't eat shellfish. 전 조개를 먹을 수 없어요.

I'm allergic to berries. 전 (산)딸기류 알레르기가 있어요.

> Hold the ~. (음식 주문 시) ~ 넣지 말아 주세요. / ~ 빼 주세요.   Go easy on/with ~.
> (명령형으로) ~을/를 너무 많이 쓰지 마세요.   shellfish 조개(류), 갑각류   be allergic
> to ~ ~에 알레르기가 있다   berries (산)딸기류

Boost Up » 대화 마스터

052

Are you ready to order?

Yes. Is it possible to get an iced coffee
and a chicken sandwich?
And does the sandwich come with anything on the side?

It comes with French fries on the side.

Could I get a side salad
instead of the French fries?

Of course. One iced coffee and
a chicken sandwich with a side salad.
Anything else?

Yes, actually.
Go light on the salad dressing, please.
Also, I'm allergic to onions. So, no onion, please.

 come with ~ ~이/가 딸려 있다　a side salad 곁들임용 샐러드, (곁들여 나오는) 사
이드 샐러드　Anything else? (주문받을 때) 다른 건 더 없으세요?

주문하시겠어요?

네. 아이스 커피와
치킨 샌드위치 주시겠어요?
샌드위치에 곁들여 나오는 게 있나요?

감자 튀김이 같이 나와요.

감자 튀김 대신 사이드
샐러드로 주실 수 있나요?

물론이죠. 아이스 커피 한 잔,
샐러드를 곁들인 치킨 샌드위치 하나요.
또 다른 건 없으신가요?

네, 저, 샐러드 드레싱은 조금만 주세요.
그리고 양파 알레르기가 있어서요.
양파는 빼 주세요.

Lesson 04
Treating someone

Warm Up
└ 팩트 체크

Level Up
└ 원어민 게이지

Boost Up
└ 대화 마스터

Warm Up » **팩트 체크**

 '계산서'는 'bill/check', '영수증'은 'receipt'!

일상에서 계산과 관련해서 사용되는 어휘는 'bill, check, receipt'와 같이 다양해서 헷갈리기 마련이지요. 각 단어의 의미와 사용법은 아래와 같습니다.

- bill → '식당 계산서'를 뜻하는 영국식 표현이에요. 미국에서도 '식당 계산서'라는 의미로 쓸 수는 있지만, 'bill'은 미국에서 주로 '요금 (고지서)'로 통해요.
  e.g. phone bill (전화 요금), car insurance bill (자동차 보험금), electricity bill (전기 요금)

- check → 미국에서 '식당 계산서'로 통해요.
  e.g. Let's split the check/bill.
  (계산서를) 나눠서 계산하자.

- receipt → 지불할 금액과 내역 정보가 나와 있는 '영수증'입니다.
  e.g. I don't need the receipt. Thank you.
  영수증은 필요 없어요. 감사합니다.

식당에서 제공하는 서비스는 영어로 'on the house'!

식당에서 종종 손님들에게 무료로 음식이나 음료를 서비스로 제공하는 경우가 있지요. 단골 손님이거나 많은 음식을 주문했기 때문에 감사를 표현하기 위해, 또는 손님에게 어떤 실례나 실수를 해서 식당 측에서 사과하는 의미로 제공하기도 합니다. 한국에서는 이를 '서비스'라고 표현하지만, 미국에서는 'service'가 아닌 'on the house' 또는 'free'라고 표현한답니다.

e.g. This appetizer is on the house.
이 애피타이저는 서비스입니다.

원어민 게이지 ··· 50%

053

Let me pay for this. 제가 낼게요. (제가 계산하게 해 주세요.)

I'll pay for this. 제가 낼게요.

> 'Let me pay for this.'는 상대방에게 좀 더 부드럽게 들리며 'I'll pay for this.'는
> 화자의 의지가 상대적으로 강하게 들립니다.

Let me ~. 제가 ~하게 해 주세요. (~할게요.)   pay for ~ ~을/를 지불하다

원어민 게이지 ··· 80%

054

I'll pick up the check. 제가 계산할게요.

It's on me. / I've got it. 제가 낼게요. (제가 살게요.)

This one's on me. / I've got this one.

이번엔 제가 낼게요.

> 'It's on me. / I've got it.'을 'This one's on me. / I've got this one.'과 같이 말
> 하면, 해당 건에 한해서 계산을 한다는 뉘앙스예요. 이전에 대접을 받은 적이 있거나 다
> 음번에는 계산하지 않을 수도 있다는 의미를 내포합니다. 상대방과 번갈아 계산할 때
> 활용해 보세요!

pick up the check 음식값을 내다, 셈을 치르다

‖‖‖

(Feel free to) Get whatever you want.

(편하게) 원하는 건 뭐든 주문하세요.

Get whatever your heart desires.

마음껏 무엇이든 시키세요.

> 위 표현들은 대접하는 자리에서 주문할 때 상대방이 먹고 싶은 것을 부담 없이 시킬 수 있도록 배려하는 말입니다.

You can treat me next time.

다음번에 사 주세요. (이번엔 제가 살게요.)

You can get the next one.

다음 거 사 주세요. (이번 건 제가 살게요.)

> 위 표현들은 계산할 때 다음을 기약하며 상대방의 부담을 덜어 주기 위해 하는 말입니다.

(It's) My treat.

제가 살게요.

Feel free to ~. 편하게 ~하세요.   whatever 뭐든지, 무엇이든   desire 바라다, 원하다   treat 대접

Boost Up » 대화 마스터

056

Well, everything on the menu
sounds delicious. This one's on me.
So, get whatever you want.

No! I've got this one.
You can get the next one.

I want to pick up the check this time!
It's my treat.

Are you sure?
Then, I will definitely get the next one.

That's fine.
You can treat me next time.

Thanks. I really appreciate it.

sound ~ ~인 것 같다   Are you sure? 정말이야? (문맥상 '정말 (그래도) 괜찮겠어
요?'라고 해석)   definitely 틀림없이, 절대 (문맥상 '꼭/반드시'로 해석)

음, 메뉴에 있는 거 전부 다
맛있을 거 같아요. 이건 제가 살게요.
그러니 원하는 건 뭐든 시키세요.

아뇨! 이건 제가 살게요.
다음번에 사 주세요.

제가 이번에 살래요!
제가 쏠게요.

정말 괜찮겠어요?
그럼 다음엔 제가 꼭 살게요.

괜찮아요.
다음번에 사 주시면 되죠.

네. 정말 감사해요.

Lesson 05

Paying the check

Warm Up
└ 팩트 체크

≫

Level Up
└ 원어민 게이지

≫

Boost Up
└ 대화 마스터

Warm Up ≫ 팩트 체크

⚠ 먹고 남은 음식은 포장해 가요!

미국에 있는 식당을 방문하면 가장 먼저 눈에 띄는 것이 제공되는 음식의 양
(그릇의 크기)일 것입니다. 대부분의 식당에서 한 사람당 한 가지 요리를 주
문해야 하고, 요리는 각각 하나의 그릇에 담겨 나오는데, 양이 꽤 많습니다.
그래서 많은 사람들이 남은 음식을 집으로 가져가는 것이 자연스럽지요. 그
러니 남기는 것이 아까워 억지로 다 먹거나 남은 음식을 챙겨 가는 것을 부
끄러워할 필요가 없습니다. 먹고 남은 음식은 영어로 'leftovers' 또는
'leftover food'라고 하며, 식당에서 남은 음식을 집으로 가져가기 위해 포
장하는 것은 'doggie/doggy bag' 또는 'takeout container' 라고 합니다.
하지만 'Can I get a doggie/doggy bag? (남은 음식 포장해 주실 수 있나
요?)'이라는 표현은 남은 음식을 개에게 준다고 하는 속된 말이라 이제는 잘
쓰지 않지요. 그리고 고급 식당에서는 포장 용기를 따로 구비해 두지 않아
포장을 거절할 수도 있으니 참고하세요.

⚠ 계산은 식사한 자리에서!

미국 식당에서는 한국과 달리 식사한 자리에서 계산합니다. 식사를 마친 뒤
받은 계산서와 함께 카드나 현금을 테이블에 두면, 종업원이 가져가 계산을
한 뒤 영수증과 카드(또는 거스름돈)를 돌려줍니다. 아주 드물게 한국 식당
처럼 계산대로 직접 가서 계산하는 (주로 격식을 차리지 않는 분위기의) 식
당들도 있습니다. 이런 경우 별도로 식당 종업원의 안내가 있을 테니 염려하
지 마세요.

원어민 게이지 ··· 50%　　　　　　　　　　　057

Can I/we get the check? 계산서 좀 가져다주시겠어요?

Check, please. 계산서 좀 주세요.

위 표현들은 식당에서 손님이 식사를 마친 뒤 지불할 금액이 적힌 계산서를 요청하는
가장 기본적인 표현들입니다.

check (식당의) 계산서

원어민 게이지 ··· 80%　　　　　　　　　　　058

Can I get anything else for you?

더 필요한 것 있으신가요?

I'm/We're finished. 다 먹었어요.

위 표현은 손님이 식사를 완전히 마쳐 더 이상 주문할 것이 없을 때 'Can I get
anything else for you?'에 대한 답변이 됩니다.

Just the check, please. 계산서 좀 부탁해요.

I'd just like the check, please. 계산서 좀 부탁합니다.

finish 끝내다, 마치다 (위에서는 문맥상 'I'm/We're finished (eating).'으로 '(먹는 걸) 다 마
쳤어요. → 다 먹었어요.'라고 해석)

I'm/We're all set.

다 먹었어요.

> 위 표현은 식사를 마친 뒤에 '모든 준비가 되었다. (잘 마무리가 되었다.) → 음식을 다
> 먹었다. (계산할 준비가 되었다.)'라는 뜻으로 통합니다. 참고로 식당 종업원이 주문을
> 받으러 왔을 때 'Are you all set?'이라고 묻는다면 '(주문할) 준비가 되셨나요? →
> 주문하시겠어요?'라는 의미로 이해하면 됩니다.

Could I have a to-go container (for this)?

포장 용기 좀 주실 수 있나요? (이것 좀 포장해 주시겠어요?)

> 위 표현은 남은 음식을 포장해 가고자 식당에 요청하는 말로, 'Could you box this
> up for me? (포장해 주시겠어요?)'라고 물어볼 수도 있습니다.

Could/Can we get separate checks, please?

계산서를 따로 주시겠어요?

We're going to split the bill.

따로 계산할게요.

> 'split the bill'은 인원수에 따라 전체 금액을 균등하게 나눈다는 의미일 수도 있지만,
> 각자 주문한 것만 골라 나눠 계산한다는 의미도 될 수 있어요. 그런 경우에는 따로 일행
> 에게 'I'll pay for mine, you pay for yours. (내 건 내가 계산할게.)'라고 덧붙여 얘
> 기해 의미를 명확히 할 수 있어요!

---

box up 상자에 넣다, 채우다   separate 따로, 분리된   split 나누다, 나뉘다

Boost Up » 대화 마스터

060

Can I get anything else for you?

No, thank you. We're all set.
We would just like the check, please.

Of course.
Would you like it all on one check?

Could we get separate checks, please?
We're going to split the bill.

Of course.
I'll be right back with the checks.

Oh, also,
could I have a to-go container for this?

Of course. (상대방이 하려는 일을 정중히 허락하여) 알겠습니다.　　also 또한, 게다가,
~도 (문맥상 '그리고'라고 자연스럽게 해석)　　container 용기, 그릇

112

더 필요하신 것 있으신가요?

아니요, 감사합니다. 다 먹었어요.
계산서 좀 부탁해요.

알겠습니다.
한꺼번에 다 계산하시겠어요?

각자 계산서 주시겠어요?
저희 따로 계산할게요.

알겠습니다.
바로 계산서 가져다드리겠습니다.

아, 그리고 이거 포장해 갈
용기 좀 주실 수 있나요?

Lesson 06
Ordering takeout & delivery

Warm Up
ㄴ 팩트 체크

≫

Level Up
ㄴ 원어민 게이지

≫

Boost Up
ㄴ 대화 마스터

'배달'과 '포장'은 각각 영어로?

비대면 시대가 도래하며 미국에서도 호텔이나 고급 레스토랑에서의 배달이 눈에 띄게 급증하고 있습니다. 이렇듯 배달이나 포장 주문은 일상생활에서 중요한 부분을 차지하고 있는데요. 관련 어휘를 알아 두면 유용하겠죠?

- takeout/take-out/carryout/carry-out/to-go → (미국) 식당에서 음식을 주문한 뒤 포장해서 다른 곳으로 가져가는 것

- takeaway → (영국) 식당에서 음식을 주문한 뒤 포장해서 다른 곳으로 가져가는 것

- delivery food → 식당이 아닌 곳에서 (휴대)전화, 앱 또는 인터넷으로 주문, 집으로 배달이 오는 것

- pick-up → 식당이 아닌 곳에서 주문을 한 뒤 포장한 음식을 식당으로 직접 와서 가져가는 것
  'pick-up'은 포장 주문을 하는 것으로, 식당 근처라면 가는 동안 음식이 준비될 수 있어 기다릴 필요 없이 바로 챙겨 갈 수 있기 때문에 이용하기 좋아요.

미국에서 수고비(팁)는 필수!

미국에서는 식당 종업원과 배달 기사에게 수고비(팁)를 주는 것이 중요합니다. 식당에서 별다른 예외가 없다면(서비스가 매우 나쁘거나 특별히 좋은 경우가 아니라면) 전체 지불 비용의 15~20%를 수고비로 산정하는 것이 일반적입니다. 반면, 배달 음식을 주문한 경우에는 식비가 10달러 미만이어도 2~3달러 이상은 수고비로 줘야 합니다.

원어민 게이지 … **50%**

061 🔊

(Is that) For pick-up or delivery?

포장인가요, 배달인가요?

Pick-up, please.

포장해 주세요.

Delivery, please.

배달해 주세요.

위 표현들은 전화상으로 주문이 이루어지는 상황에서 포장인지, 배달인지를 묻고 답하는 표현들입니다.

---

pick-up 포장 (동사구 'pick up'의 뜻이 '(어디에서) ~을/를 찾다, 찾아오다'라는 데서 명사 '포장'으로 활용)　delivery 배달

 원어민 게이지 … **80%**

062 🔊

I'd like to make/place an order for takeout, please.

가져갈 거 주문하려고 하는데요.

주문할 때 배달인지 포장인지 등을 알리고자 'make/place an order for ~ (~을/를 주문하다)'라는 구문을 활용할 수 있습니다. 위 표현과 같은 의미로 'I'd like to make/place a takeout order.'으로도 말할 수 있어요.

Is that for here or to-go?
드시고 가시나요, 아니면 가져가실 건가요?

It's for here. 여기서 먹을 거예요.

Can I get that to-go? 그거 포장할 수 있나요?

make/place an order for A A를 주문하다 (make/place a(n) A order)

원어민 게이지 … 100%　　　　　063 ◀))

Is there a delivery charge/fee? 배달비가 있나요?

Do you do delivery? 배달되나요?

Do you accept credit cards? 카드 결제되나요?

> 'accept'는 여기서 '(신용카드를) 받아 주다 → (카드 결제가) 되다'라고 자연스럽게 해석합니다.

I'd like to order for pick-up.
포장 주문하려고 하는데요.

> 'I'd like to order. (주문할게요.)'가 간단명료해서 실제로 원어민들이 가장 많이 씁니다. 여기에 위 표현처럼 'for ~'를 덧붙여 배달인지, 포장인지 등을 알릴 수 있지요.

charge 요금　　fee 수수료, 요금　　credit card 신용카드

117

Boost Up » 대화 마스터

064 🔊

> Hello.
> I'd like to order.

> For pick-up or delivery?

> Do you do delivery?
> Is there a delivery charge?

> Yes, we do.
> As long as you're within city limits, we deliver.
> There is a small delivery fee of $3 if your order is
> under $20.

> In that case, I'd like to
> make an order for delivery.
> Do you accept credit cards?

> We do accept credit cards.
> What can I get for you?

Is there a delivery charge? 배달비가 있나요? (문맥상 자연스럽게 '배달비가 청구되
나요?'로 해석)   as long as ~ ~하는 한, ~하기만 하면   city limits 시의 경계

안녕하세요.
주문하려고 하는데요.

포장하실 건가요, 배달시키실 건가요?

배달되나요?
배달비는 청구되나요?

네, 배달됩니다.
고객님이 시내에 계시다면 배달해 드려요.
주문(금액)이 20달러 미만이면
3달러의 (소액의) 배달비가 청구됩니다.

그럼 배달로 할게요.
카드로 결제되나요?

카드 결제됩니다.
뭘로 드릴까요?

('within city limits'는 '시의 경계 안에 → 시내에'라는 의미)   under 미만, 아래

in that case 그런 경우에는, 그렇다면

퀴즈 플레이

① **What can I _____ for you?**

뭘로 드릴까요?

② **We're _____ to _____ the Western French Fries for an appetizer.**

애피타이저용 웨스턴 감자 튀김을 나눠 먹을게요.

③ **The steak tastes _____ a hamburger.**

스테이크에서 햄버거 맛이 나.

④ **I'm saving _____ for dessert.**
I _____ a sweet tooth.

디저트 먹을 배를 남겨 둬야지.
난 단 걸 좋아하거든.

⑤ **Could I get a side salad _____ the French fries?**

감자 튀김 대신 사이드 샐러드로 주실 수 있나요?

---

1. get   **2.** going, split or share   **3.** like
4. room, have   **5.** instead of

6 **I've got** ___ **one.**
You can get the ___ **one.**

이건 제가 살게요.
다음번에 사 주세요.

7 **Could we get** ___ **checks, please?**

각자 계산서 주시겠어요?

8 **We're going to** ___ **the bill.**

저희 따로 계산할게요.

9 **I'd like to make an** ___ **for delivery.**

배달을 주문하려고 하는데요.

10 **Do you** ___ **credit cards?**

카드로 결제되나요?

---

6. this, next   **7.** separate   **8.** split
9. order   **10.** accept

CHAPTER 04

Asking & Giving Directions

길 묻고 답하기

Lesson 01
Asking directions

길 묻기

Warm Up
└ 팩트 체크

Level Up
└ 원어민 게이지

Boost Up
└ 대화 마스터

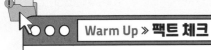
! 길 물어보기, HOW (어떻게)?

길을 묻기 위해 누군가에게 말을 걸 때에는 먼저 다음과 같이 정중히 말해
보세요.

e.g. Excuse me. 실례합니다.

Sorry to bother you. 방해해서 죄송합니다.

이후 다음과 같이 도움을 요청합니다.

e.g. Do you have a moment? 잠깐 시간 괜찮으세요?

Do you mind helping me? 도와주시겠어요?

Could you help me? 도와주실 수 있을까요?

처음부터 도움이 필요한 상황을 설명하지 않으면 낯선 사람이기 때문에 경
계하거나 뭔가를 팔기 위해 접근한다고 오해할 수 있습니다. 따라서 길을 잃
었고, 길 안내에 도움이 필요하다고 덧붙여 말하는 것이 좋습니다.

e.g. Could you help me with directions? 길 안내를 도와주실 수 있나요?

I need help with directions. 길 안내를 도와주세요.

I seem to be lost. 길을 잃은 것 같아요.

! 길 물어보기, WHOM (누구에게)?

미국에서 누구에게 길을 물어봐야 할지 잘 모르겠다면, 편의점이나 상점을
찾아가 그곳의 직원에게 물어보세요. 특히, 위험한 지역이나 밤에는 더욱 매
장 직원에게 물어보는 것이 안전합니다. 물론, GPS와 지도를 활용하기 위해
스마트폰을 항상 휴대하는 것이 기본이죠. 종이 지도는 좋은 대안이지만 관
광객이라는 것이 너무 티가 나서 범죄의 표적이 되기 쉬우니 그 점을 조심하
기 바랍니다.

원어민 게이지 ··· 50%

065 🔊 ▥▊

Where is the bank? 은행은 어디예요? (은행은 어디에 있나요?)

How do I get to the market? 시장까지 어떻게 가나요?

bank 은행　　market 시장

원어민 게이지 ··· 80%

066 🔊 ▥▊

Excuse me, can you tell me how to go to the bus terminal?

저, 버스 터미널에 어떻게 가는지 알려 주실 수 있나요?

> 위 표현에서 'go to ~'는 'get to ~'로 바꿔 말할 수도 있어요.

Do you know where the university is?

대학이 어디에 있는지 아시나요?

Can you show me on the map?

지도에서 알려 주시겠어요?

> 위 표현은 질문하는 의도에 따라 지도 위에 가리켜 주길 바라는 위치가 '나의 현재 위치'가 될 수도, '나의 목적지'가 될 수도 있습니다.

show (방향·위치를) 알려 주다, 가리켜 주다

원어민 게이지 ··· 100%

067

Could you tell me the best way to get to the beach?

해변으로 가는 가장 좋은 방법을 알려 주실 수 있나요?

What is the easiest way to get to this café?

이 카페로 가는 가장 쉬운 방법이 뭔가요? (알려 주실 수 있나요?)

> 'the best/easiest way (가장 좋은/쉬운 방법)'는 'the+형용사 최상급+way (가장 ~한 방법)'의 형태로 썼어요.

Where exactly am I? 여기가 정확히 어디죠?

How far is it from here? 여기서 얼마나 멀죠?

> 위 표현들은 모두 '나의 현재 위치'를 모를 때 활용할 수 있습니다.

Where can I find a good restaurant? 맛집은 어디예요?

I'm looking for the nearest convenience store.

가장 가까운 편의점을 찾고 있어요.

Where is the nearest bank? 가장 가까운 은행은 어디죠?

> 위 표현들은 장소를 특별히 지정하지 않고 물어볼 때 쓸 수 있습니다.

be lost 길을 잃다 (get lost)   Where can I find A? A는 어디서 찾을 수 있어요? → A 는 어디예요? (문맥상 '어디 A(같은 곳) 없을까요?'라는 뉘앙스)

Boost Up » 대화 마스터

068

Excuse me, could you tell me
how to get to Grand Central Terminal?
I seem to be lost.

Sure. I'd be happy to help.
The Terminal is nearby.
Just go straight here and turn left.

Can you show me on the map?
Also, where can I find a drug store?

Sure. We're right here and the Terminal is there.
There is a drug store on the way.

Thanks. How far is the drug store from here?
I'm looking for the nearest drug store.

Oh, it's just five minutes away.

I'd be happy to ~. 기꺼이 ~해 드릴게요.   Go straight. 직진하세요.

Turn left. 좌회전하세요.   drug store 약국   right 바로

저, Grand Central 터미널 어떻게
가는지 알려 주실 수 있나요?
길을 잃은 것 같아요.

물론이죠. 기꺼이 도울게요.
터미널은 근처예요.
여기서 직진하다가 좌회전하세요.

지도에서 (위치를) 알려 주실 수 있을까요?
그리고 어디 약국은 없을까요?

네. 우린 바로 여기에 있는 거고, 터미널은 저기에 있어요.
가는 길에 약국이 있어요.

감사합니다. 약국은 여기서 얼마나 먼가요?
가장 가까운 약국을 찾고 있어요.

아, 5분이면 돼요.

away (시간적·공간적으로) 떨어져 ('It is ~ minute(s) away.'와 같이 쓰며 '~분 거리
에 떨어져 있어요. → ~분이면 돼요.'라고 자연스럽게 해석)

129

Lesson 02
Giving directions

길 안내하기

Warm Up
ㄴ 팩트 체크

Level Up
ㄴ 원어민 게이지

Boost Up
ㄴ 대화 마스터

Warm Up » **팩트 체크**

⚠ 당신도 길을 모른다면?

- 길을 몰라 알려 줄 수 없을 때

e.g. I'm not sure, sorry. 잘 모르겠어요, 미안해요.

I wish I could help. 도울 수 있으면 좋겠는데 (죄송해요).

Maybe you should ask someone else.
다른 사람에게 물어보셔야 할 것 같아요.

도움을 줄 수 없는 이유를 밝히는 것도 좋습니다.

e.g. Sorry, I'm not from around here.
죄송해요. 전 이 근처 출신이 아니에요.

I'm new here. 전 여기 최근에 이사 왔어요.

I don't know this area well. 전 이 지역을 잘 몰라요.

- 길을 알고는 있지만 확실치 않을 때

e.g. I think it's that/this way, but you should double-check on a map.
이쪽/저쪽인 것 같지만, 지도에서 한 번 더 확인해 보세요.

I'm not certain. / I'm not totally sure. 확실하진 않아요.

Let me check it on my map. 제 지도로 확인해 볼게요.

⚠ 랜드마크로 위치 설명하기!

랜드마크(주요 지형지물)가 있다면 'It's nearby <u>the Millennium Park</u>. (Millennium Park 근처에 있어요.)'와 같이, 랜드마크가 없다면 상호명을 사용해서 'It's to the right of <u>the McDonald's</u>. (맥도날드 오른쪽에 있어요.)'와 같이 누구나 아는 랜드마크나 상호명으로 길을 쉽게 설명할 수 있습니다. 반대로 랜드마크 유무를 물어볼 땐 아래와 같이 물어볼 수 있어요.

e.g. Are there any landmarks nearby? 근처에 랜드마크가 있나요?

원어민 게이지 ··· 50%   069 ◀))

Go down this road/street. 이 길로 내려가세요.

Go past the hospital. 병원을 지나가세요.

Go toward/to the train station. 기차역 쪽으로 가세요.

> 길을 안내하는 기본 표현들입니다. 'down/past/toward/to'를 사용해 지나가는 장소나 방향 등의 정보를 전달할 수 있어요.

Go down ~. (주로 길을 따라 이동하는 경우에) ~(으)로 내려가세요.   Go past ~. ~을/를 지나가세요.   Go toward/to ~. ~쪽으로 가세요.

 원어민 게이지 ··· 80%   070 ◀))

Keep going straight. 계속 직진하세요.

> 'Go straight.'은 '직진하세요.'라는 뜻인데요. 여기서 'Keep 동사-ing. (~을/를 계속 하세요.)'를 함께 써서 'Keep going straight. (계속 직진하세요.)'이라는 표현이 되었습니다.

Take a left at the corner. 모퉁이에서 왼쪽으로 도세요.

Take this street for 1 mile.

이 길로 1마일만큼 가세요.

길을 설명할 때 'Take ~.'는 '~(으)로 도세요/가세요.'라는 의미로 씁니다. 따라서 'Take a left.'는 '왼쪽으로 도세요.'라고 해석하고, 'Turn left.'와 동일하게 씁니다. 반면, 'Take this street.'는 '이 길로 가세요.'라고 해석하며, 이 뒤에 'for 1 mile' 또는 'for 5 minutes' 등 거리 · 시간과 같은 부가 정보를 전달할 수 있습니다.

Keep 동사-ing. ~을/를 계속하세요.   at the corner 모퉁이에서

원어민 게이지 … 100%   071

When you see the park, cross the road.

공원이 보이면, 길을 건너세요.

You're going to want to go that way.

그쪽으로 가세요.

'You're going to want to ~.'는 '(무언가를 하려면) ~해야 해요. / ~하세요.'라는 의미의 관용적 표현이에요. 'have/need to ~ (~해야 한다)'보다 부드러운 어감을 나타내며 주로 구어체로만 씁니다.

Follow this sidewalk until you get to the hospital.

병원(에 다다를 때)까지 이 보도를 따라가세요.

It'll be on your right. (그 목적지는) 당신 오른쪽에 있을 거예요.

When you see A, ~. A가 보이면, ~하세요.   You're going to want to ~. ~하세요.
Follow A until you get to B. B(에 도착할 때)까지 A를 따라가세요. (Follow A to B. /
Follow A until you reach B.)

Boost Up » 대화 마스터

072

Excuse me, where can I find a café?

A café? There's one not far from here.
Follow this street until you reach the corner.
Take a left at the corner.
You're going to want to keep going straight.
It will be on your left.

Thanks! What's it next to?

It's across the street from a drug store.

Okay. How long should I walk
after I turn at the corner?

You should walk for about 5 minutes.
When you see the vet,
you'll see the café next to it.

far from ~ ~에서 멀리   next to ~ ~ 옆에   across 건너서, 가로질러
How long should I ~? 얼마나 (오래) ~해야 하나요?   after 후에

134

실례지만, 어디 카페 없을까요?

카페요? 여기서 멀지 않은 곳에 하나 있어요.
모퉁이에 닿을 때까지 이 길을 따라가세요.
모퉁이에서 왼쪽으로 돌아 쭉 직진하세요.
(그럼) 카페가 왼쪽에 있을 거예요.

고마워요! 거긴(그 카페는) 옆에 뭐가 있죠?

(그 카페는) 약국 건너편에 있어요.

네. 모퉁이를 돌아서
얼마나 걸어야 하나요?

5분 정도 걸어야 해요.
동물 병원이 보이면,
옆에 카페가 보일 거예요.

vet 동물 병원, 수의사

퀴즈 플레이

① Excuse me, could you _____ me how to get to Grand Central Terminal?

저, Grand Central 터미널 어떻게 가는지 알려 주실 수 있나요?

② I _____ to be lost.

길을 잃은 것 같아요.

③ Can you _____ me on the map?

지도에서 (위치를) 알려 주실 수 있을까요?

④ Also, _____ can I find a drug store?

그리고 어디 약국은 없을까요?

⑤ How _____ is the drug store from _____?

약국은 여기서 얼마나 먼가요?

---

1. tell   2. seem   3. show
4. where   5. far, here

❻ **_____ this street until you reach the corner.**

모퉁이에 닿을 때까지 이 길을 따라가세요.

❼ **You're going to _____ to keep going _____.**

쭉 직진하세요.

❽ **It will be on _____ left.**

(그럼) 그것은 왼쪽에 있을 거예요.

❾ **It's _____ the street from a drug store.**

약국 건너편에 있어요.

❿ **When you _____ the vet, you'll see the café next to it.**

동물 병원이 보이면, 그 옆에 카페가 보일 거예요.

---

6. Follow/Take   **7.** want, straight   **8.** your/the

9. across   **10.** see

CHAPTER 05

Transportation

교통수단

Lesson 01

Using public transportation

Warm Up
└ 팩트 체크

≫

Level Up
└ 원어민 게이지

≫

Boost Up
└ 대화 마스터

! 'subway'는 '지하철', 'train'은 '기차'!

나라마다 'subway'와 'train'이 가리키는 것은 다릅니다. 세계적으로 대부분 '지하철'을 'the metro'라고 부르지만, 일반적으로 미국에서는 'subway'가 '지하철', 'train'은 '기차'입니다.

e.g. I'll just take the subway.
그냥 지하철 타고 갈게요.

e.g. I can take the train to your place.
당신 집으로 가는 기차를 탈 수 있어요.

하지만 뉴욕에서는 '지하철'을 'the train(s)'이라고 부르기도 합니다. 영국에서 '지하철'은 'the metro/underground/tube'이지요. 이밖에 'tram'과 'trolley'도 있어요. 이것들은 미국에서 'trolly (car)'나 'streetcar'라고도 하고, 도로 위를 달리며 전기를 사용하는 열차를 말합니다. 영국에서는 'tram'이라고 부릅니다.

! 대중교통이 잘 발달하지 않은 미국

일반적으로 미국의 대중교통은 한국처럼 잘 구축되어 있지 않습니다. 큰 도시가 아닌 이상 대중교통이 거의 없거나 아예 없을 수도 있습니다. 여기에는 많은 이유들이 있습니다. 그중에서 운영 비용, 국가의 규모, 그리고 강력한 자동차 산업을 가장 대표적인 이유로 꼽을 수 있습니다. 이는 미국에서 'Uber (우버)'와 'Lyft (리프트)' 등의 택시 앱이 성공을 거둔 이유이기도 합니다.

원어민 게이지 ··· 50%

073

Can I (please) get a one-way ticket to Penn Station?

Penn Station으로 가는 편도 승차권 주시겠어요?

I'd like a subway pass, please.

지하철 이용권 주세요.

> Can I please get A (to B)? (B로 가는) A 주시겠어요?
> I would like A (to B), please. / I need A (to B), please. (B로 가는) A 주세요.
> 위 표현들은 교통수단을 이용하기 위한 표를 구매할 때 쓰는 가장 기본적인 표현들입니다.

How much is a bus ticket to Central Park?

Central Park까지 가는 버스 승차권 얼마예요?

pass 탑승권 (주로 하루, 일주일 등의 기간 동안 무제한 사용이 가능한 이용권)   station 역, 정거장, 정류장 (대문자로 시작하면 역(정거장/정류장) 이름에 'Station'까지 포함)

원어민 게이지 ··· 80%

074

What time's the next bus to the mall?

쇼핑몰로 가는 다음 버스는 몇 시에 있나요?

You need to get on at Manchester (station).

Manchester (역)에서 타세요.

I have to get off at North Hollywood (bus) stop.

저는 North Hollywood (버스) 정류장에서 내려요.

How often do the buses run to 165ᵗʰ Street?

165 도로까지 가는 버스들은 얼마나 자주 운행하나요?

need/have to ~ ~해야 한다 (이동 방법에 대해 설명하는 문맥상 '~하세요'라고 자연스럽게 해석)   get on/off at ~ (버스 등을) ~에서 타다/내리다   stop 정류장, 정거장   run 운행하다

원어민 게이지 ··· 100%　　　075 🔊

I missed my stop!

내릴 곳을 지나쳤어요!

You have to transfer at Grand Concourse station to the green line.

Grand Concourse 역에서 녹색 노선으로 갈아타세요.

You have to change buses 3 times.

버스를 3번 갈아타세요.

교통수단 이용 시 환승할 땐 '~에서/을/를 ~(으)로' 갈아타는지가 굉장히 중요하겠지요? 따라서 동사 'transfer/change' 뒤에 나오는 정보를 잘 듣고, 목적지까지 안전하게 교통수단을 이용해 보아요!

miss 놓치다, 지나치다   transfer/change (~을/를) 갈아타다, 환승하다

Boost Up » 대화 마스터

 076 🔊

> Excuse me.
> How much is a bus pass?

> The unlimited ride bus pass is $30
> for seven days.

> Okay. I'll take one bus pass.
> What time's the next bus to East New York Terminal?

> The buses run every 30 minutes.
> Right now, the bus is running a little late.
> The next one is 10 minutes from now.

> Alright. Should I transfer at all?
> I don't want to miss my stop.

> Yes.
> You have to change buses at Bushwick.

unlimited 무제한의　　ride 승차　　take 취하다, 선택하다 (위에서 'I'll take A.'는 'A로 (선택)할게요.'인데 문맥상 'A를 주세요.'라고 자연스럽게 해석)　　a little 조금, 약간

저기요.
버스 이용권은 얼마인가요?

무제한 승차 버스 이용권은
7일에 30달러입니다.

네. 버스 이용권 한 장 주세요.
East New York Terminal로 가는 다음 버스는 몇 시에 있나요?

버스는 30분마다 운행됩니다.
지금 버스가 좀 늦어지고 있어요.
다음 버스는 10분 후에 와요.

알겠습니다. 제가 갈아타야 되나요?
내릴 곳을 지나치고 싶지 않아서요.

네.
Bushwick에서 버스를 갈아타세요.

late 늦은   from now 지금으로부터   at all 조금이라도 (의문문에서는 'ever'
와 같이 강조하는 용법으로 사용)

Lesson 02
Taking a taxi

택시 이용하기

Warm Up
└ 팩트 체크

Level Up
└ 원어민 게이지

Boost Up
└ 대화 마스터

(!) '택시를 잡다' 영어로 말하는 5가지 표현!

- get/grab a taxi → 자주 들어 보셨을 겁니다. 길에서, 앱을 통해서, 혹은 전화를 걸어 택시를 잡든 간에 다양한 경우에 제한 없이 가장 일반적으로 쓸 수 있는 '택시를 잡다'라는 표현입니다.

  e.g. I finally got a taxi. It should be here in 5 minutes.
  드디어 택시를 잡았어요. 5분 안에 도착할 거예요.

- hail/flag down a taxi → '손을 흔들어 택시를 세우다'라는 뜻의 표현으로 길거리에서 택시를 잡는 경우에만 사용할 수 있습니다.

  e.g. Let's try to hail a passing taxi.
  지나가는 택시를 불러 주도록 하죠.

- call for a taxi → '전화로 택시를 부르다, 콜택시를 부르다'라는 뜻의 표현으로 앱을 사용하거나 전화를 걸어 택시를 잡을 때 쓸 수 있습니다.

  e.g. I don't see any taxis. Let's just call for one.
  택시가 하나도 안 보여요. 하나만 부르죠.

(!) 'taxi'와 'cab'은 같다? YES!

미국에서는 'taxi'와 'cab' 모두 '택시'를 가리키며, 두 단어를 자유롭게 사용할 수 있습니다. 'taxi-cab'이라고도 하는데, 'taxi'나 'cab'처럼 자주 쓰지는 않습니다. 'taxi'와 'cab'은 서로 다른 단어에서 유래된 것일 뿐이에요. 'taxi'는 거리와 요금을 계산하는 데 쓰는 단위인 'taximeter'에서, 'cab'은 서양의 인력거(마차)인 'cabriolet'에서 유래했지요. 참고로 오늘날에는 마차를 'cab'이라고 하지 않고, 'carriage'라고 부릅니다.

원어민 게이지 ··· 50%

077 🔊 ▣▬▮

▮▮▮▮▮▮▮▮▮▮▮▮▮▮▮▮▮▮▮▮▮▮▮▮

Where can I take you? 어디로 모실까요?

택시를 타면 제일 처음 듣는 표현입니다. 위 표현과 더불어 'Where are you <u>going</u>? / Where are you <u>headed</u>?'라고 할 수도 있어요.

Can you take me to Madison Avenue?

Madison Avenue로 가 주시겠어요?

'To Madison Avenue, please. (Madison Avenue로 가 주세요.)'라고 아주 간단 하게 말할 수도 있어요.

take A to B A를 B로 데리고 가다, 데려다주다 (위에서는 자연스럽게 '모시다'로 해석)
head (특정 방향으로) 가다

원어민 게이지 ··· 80%

078 🔊 ▣

▮▮▮▮▮▮▮▮▮▮▮▮▮▮▮▮▮▮▮▮▮▮▮▮▮▮▮▮▮▮▮▮

How far is it? (목적지까지) 얼마나 먼가요?

It's close/nearby. 가까워요.

It's 5 miles away. 5마일 정도 떨어져 있어요.

How long will it take? (목적지까지) 얼마나 걸릴까요?

It will take about 10 minutes. 10분 정도 걸려요.

I'm in a rush/hurry.

제가 좀 급해요. (빨리 가 주세요.)

> 위 표현들은 목적지를 밝힌 다음 승객과 기사가 추가적으로 나눌 수 있는 표현들입니다.

How far is it (to A)? (A까지) 얼마나 멀어요?   How long will it take (to A)? (A까지)
얼마나 걸려요?   be in a rush/hurry 서두르다

 원어민 게이지 … 100%   079

Can you fit 5 people?

5명 탈 수 있나요?

Is there a flat fee/rate to the airport?

공항까지 고정 요금이 있나요?

> 'flat fee/rate (고정 요금)'는 공항, 기차역처럼 자주 가는 곳까지 요금을 미리 정해
> 그 금액만 지불할 수 있게 하는 거예요. 그러면 승객은 교통 정체 등으로 인한 할증 걱
> 정 없이 택시를 이용할 수 있습니다.

Keep the change. 잔돈(거스름돈)은 됐어요.

Do you have change? 잔돈(거스름돈) 있으세요?

Thanks for the ride/lift. 태워 주셔서 감사해요.

fit 수용하다 (문맥상 '타다/태우다'로 해석)   ride/lift (차 등을) 태워 주기

Boost Up » 대화 마스터

080 🔊 ▭▭▭▭▭

Hi.
Can you fit 4 people?

Where are you going?

To the airport, please.
Is there a flat fee to the airport?

Yes. It'll be $20.
Shall I put your bags in the trunk?

Sure, thanks. Thanks for the ride.
How long will it take to get there?
We're in a hurry.

It's close.
It will take about 20 minutes.

Shall I ~? ~할까요? (제의 · 제안 · 조언 요청을 나타냄)   Thanks for the ride/lift.
(승 · 하차 시) 차를 태워 주셔서 감사합니다.   get (to A) (A에) 도착하다, 이르다

안녕하세요.
4명 탈 수 있나요?

어디까지 가시는데요?

공항으로 가 주세요.
공항까지 고정 요금 있나요?

네. 20달러입니다.
가방을 트렁크에 넣을까요?

네, 감사해요. 태워 주셔서 고맙습니다.
거기까지 가는 데 얼마나 걸릴까요?
저희가 좀 급해서요.

가까워요.
20분 정도 걸릴 거예요.

close 가까운, 근처의 (nearby)　　about 약, ~쯤, ~ 정도

Lesson 03
Getting & giving a ride

차 얻어 타기 & 태워 주기

Warm Up
└ 팩트 체크

≫

Level Up
└ 윔어민 게이지

≫

Boost Up
└ 대화 마스터

Warm Up » 팩트 체크

⚠️ 'carpool (카풀)' 경험해 보기!

미국에서는 대중교통이 취약하고, 'Uber (우버)'나 'Lyft (리프트)' 같은 승차 서비스는 자주 이용하기에 비용 부담이 큽니다. 따라서 차량 한 대를 합의하에 함께 목적지까지 정기적으로 이용하는 'carpool (카풀)'이 대중적이에요. 주로 매일 아침 동료와 번갈아 차를 운전해 출근하거나, 부모들이 교대로 다른 가족의 아이들을 학교에 데려다주는 일이죠. 기름값을 아끼기 위해, 누군가 차가 없어서, 사이가 좋아서 등 이유도 다양하고, 흔한 일이에요. 반드시 돌아가면서 운전하지 않더라도 감사의 표시로 기름값을 내거나, 밥을 살 수도 있어요.

'carpool (카풀)'을 제안하고 싶다면 다음과 같이 물어볼 수 있습니다.

e.g. How about carpooling?
카풀 어때요?
What do you think about carpooling?
카풀하는 거 어떻게 생각하세요/어때요?

만약 운전을 할 수 없다면 다음과 같이 말해 보세요.

e.g. I'll chip in on the gas.
제가 기름을 넣겠습니다. (제가 기름값을 낼게요/보탤게요.)

⚠️ 한국과는 조금 다른 미국의 '대리 운전'!

미국에서는 주로 음주 후 이용하는 대리 운전 서비스가 잘 발달되어 있지 않습니다. 대리 운전 기사가 서비스 제공 후에 되돌아갈 교통편이 마땅치 않아 승객이 치러야 할 비용이 상대적으로 올라가는 등 인프라가 한국과는 근본적으로 다르기 때문입니다. 따라서 차를 약속 장소에 두고 우버나 택시를 이용해 귀가하거나, 애초에 약속 장소에 차 없이 가는 방법을 씁니다. 또는 친구들과 'carpool'을 해 돌아가면서 한 사람이 'designated driver (지정된 운전자)'가 되어 술을 전혀 마시지 않고 그날의 기사 역할을 합니다.

원어민 게이지 ··· 50%

 081

Could/Can you drive me home?

저 집에까지 좀 태워 주실 수 있나요?

> 위 표현에서 'home' 대신 'to my house/place', 그리고 'to my home'을 쓰는 것이 모두 가능해요. 특히, 'to my home'이라고 하면 굉장히 격식을 차린 것처럼 들립니다.

I can drive you to the doctor's office.

병원까지 태워 줄게요.

drive A to B A를 B까지 태워 주다   doctor's office (개인) 병원

원어민 게이지 ··· 80%

 082

Could/Can you give me a ride home?

저 좀 집까지 태워 줄 수 있어요?

> 집까지 태워 달라고 요청할 때는 위와 같이 'give a ride'라는 표현을 쓰는 것이 가장 자연스러워요. 마찬가지로 'home → to my house/place → to my home' 순으로 격식을 차린 느낌이 강해져요.

Can I give you a ride to the theater?

영화관까지 태워 줄까요?

Do you need a ride to work? 회사까지 태워 드릴까요?

Can I ride with you? 저도 같이 타도 될까요?

목적지가 같을 경우에는 위 표현을 활용해 동행을 부탁해 보아요.

give a ride (to A) (A까지) 태워 주다

원어민 게이지 ⋯ 100%

083

|||||||||||||||||||||||||||||||||||||||||||||||||||||||||||||||||||||||||||||||||

Can I catch a ride with you? 저 좀 같이 타도 돼요?

It's on my way. 가는 길이에요. (태워 드릴게요.)

I'm heading/headed that way (anyway).

(어차피) 그쪽으로 가는 길이에요. (태워 드릴게요.)

It's out of my way. 가는 길이 아니에요. (못 태워 드려요.)

Sorry, I'm not going that way.

죄송하지만 전 그쪽으로 가는 길이 아니라서요. (못 태워 드려요.)

I'll pay for the gas. 기름값은 제가 낼게요.

'Let me pay for the gas.'와 같은 표현이에요. 차를 얻어 탔을 때 해당 표현을 활용해 기름값을 내는 등 감사함을 표현한다면 아주 좋을 것 같아요. 타인의 수고를 가볍게 여기지 않는 데서 이 모든 표현들을 사용할 기회가 생길테니까요!

catch a ride 타다　　be heading/headed/going (to A) (A로) 가다, 향하다　　pay for gas (휘발)유의 값을 지불하다 (위에서 '기름값을 내다'로 자연스럽게 해석)

Boost Up » 대화 마스터

084

> Hey, Ava!
> Are you going to Pete's party tonight?
> Do you need a ride there?

> Yeah, I plan on going. That would be great.
> Can I catch a ride with you?
> I'll pay for the gas.

> Sure. Catch a ride with me.
> I'm obviously going that way, anyway.

> True. Thanks. Could Sam also ride with us?
> He doesn't have a car.

> Sorry, he can't ride with us.
> The last time I gave him a ride,
> he stole some stuff.

> Wow! Really? I didn't know that.

plan on ~ ~할 예정이다, 계획이다   obviously 분명히, 확실히   True. 맞아.
(호응하는 뉘앙스로 '그렇네.'라고 해석)   steal 훔치다   stuff 물건, 물질

저기, Ava!
오늘 밤 Pete 파티에 갈 거야?
거기까지 태워 줄까?

응, 갈 계획이야. 그거 좋지.
같이 (타고) 가도 돼?
기름값은 내가 낼게.

물론이지. 같이 (타고) 가자.
어차피 난 그쪽으로 갈 거니까.

그렇네. 고마워. Sam도 같이 탈 수 있을까?
걔 차가 없거든.

미안, 걔는 못 태워 줄 거 같아.
지난번에 태워 줬을 때,
걔가 물건을 훔쳤어.

와! 진짜야? 난 몰랐어.

퀴즈 플레이

1 **What time's the** _____ **bus to East New York Terminal?**

East New York Terminal로 가는 다음 버스는 몇 시에 있나요?

2 **The buses** _____ **every 20 minutes.**
Right now, the bus is _____ **a little late.**

버스는 20분마다 운행됩니다.
지금 버스가 좀 늦어지고 있어요.

3 **You have to** _____ **buses at Bushwick.**

Bushwick에서 버스를 갈아타세요.

4 **Where are you** _____ **?**

어디로 가세요?

5 _____ **the airport, please.**
Is there a _____ **to the airport?**

공항으로 가 주세요.
공항까지 고정 요금 있나요?

---

1. next   **2.** run, running   **3.** change/transfer
4. going/headed/heading   **5.** To, flat fee/rate

6 How _____ will it take to get there?

We're in a _____ .

거기까지 가는 데 얼마나 걸릴까요?
저희가 좀 급해서요.

7 Can I _____ a ride with you?

같이 (타고) 가도 돼?

8 I'll _____ for the gas.

기름값은 내가 낼게.

9 Catch a ride with _____ .

I'm obviously _____ that way, anyway.

나랑 같이 (타고) 가자.
어차피 난 그쪽으로 갈 거니까.

10 Sorry, he can't _____ with us.

미안. 걔는 못 태워 줄 거 같아.

---

6. long, hurry/rush   **7.** catch   **8.** pay

9. me, going/headed/heading   **10.** ride

CHAPTER 06

Shopping

쇼핑하기

Lesson 01
Window shopping

Warm Up
└▸ 팩트 체크

≫

Level Up
└▸ 원어민 게이지

≫

Boost Up
└▸ 대화 마스터

'아이 쇼핑'이 아니라, 'window shopping (윈도 쇼핑)'!

'window shopping (윈도 쇼핑)'이란 무언가를 살 계획 없이 가게(들)를 둘러보는 것을 말해요. 정말 마음에 드는 물건이 있다면 구매할 수도 있지만, 'window shopping (윈도 쇼핑)'의 목적은 매장에 무엇이 있는지 구경하는 것이지요. 따라서 매장 직원이 'Can I help you find anything? (찾으시는 거 있으세요?)'라고 물었을 때 'No, I'm just window shopping. (아뇨, 그냥 윈도 쇼핑하는 거예요.)'라고 답하지 않길 바랍니다. 물건을 살 생각이 없음을 밝혔다가는 직원이 매장을 나가 달라고 요구할 수도 있으니까요.

'Black Friday (블랙 프라이데이)'에 왜 할인을 할까?

'Black Friday'라는 용어는 미국에서 유래되었습니다. History.com에 따르면, 1950년대 필라델피아의 경찰은 추수감사절 이후의 금요일을 '검은 금요일'이라고 불렀다고 합니다. 이것은 매년 토요일에 열리는 육군-해군 미식축구 경기를 보기 위해 쇼핑객과 관광객들의 거대한 무리가 그 도시로 왔기 때문인데요. 그것은 대중적인 용어가 되었고, 1980년대에 소매상들은 판매 촉진을 위해 이 날을 이용하기 시작했습니다. 이후 'Small Business Saturday/Sunday'와 'Cyber Monday' 같은 날도 생겨 오늘날의 미국 연중 가장 큰 소비철인 할인행사 시즌이 구성되었습니다.

원어민 게이지 ··· 50%   085

Can I help/assist you with anything?

도와 드릴까요?

> 위 표현은 매장 점원이 손님에게 묻는 표현입니다. 'with anything (어떤 것을)'은 굳이 해석하지 않는 게 더 자연스러워요.

No, thanks. 아뇨, 감사합니다.
Yes, please. 네, 부탁드려요.

help/assist with ~ ~을/를 돕다

 원어민 게이지 ··· 80%   086

I'm just looking (around). / I'm just browsing.

(그냥) 둘러보는 중이에요.

> 위 표현은 매장 점원의 도움을 사양할 때 'No, thanks. (아뇨, 감사합니다.)' 다음에 덧붙여 말하기 좋아요.

Do you have any sweatshirts? 스웨트셔츠 있어요?

look (around) 둘러보다   browse (가게 안의 물건들을) 둘러보다, 훑어보다
Do you have ~? ~을/를 가지고 있어요? (구매할 때 '~ 있어요?'라는 질문)

Can you help me find a cashmere scarf?

캐시미어 스카프 찾는 걸 도와주실래요?

I'm looking for a sleeveless dress.

민소매 원피스를 찾고 있어요.

> 위 표현들은 원하는 바가 명확한 경우 쓸 수 있는 표현들입니다. 점원이 도움을 제안할 때 답하거나, 또는 손님이 먼저 도움을 요청할 때 위 표현들을 활용할 수 있습니다.

I'm just seeing/checking if there's anything I need.

필요한 게 있는지 보고 있어요.

I'll let you know if I need anything/help.

필요한 게 있으면 (도움이 필요하면) 알려 드릴게요.

> 위 표현들은 점원의 도움이 당장 필요하지 않을 때 쓰기 좋아요. 손님은 차후 원하면 다시 도움을 요청할 수 있으니, '나중에 도움이 필요하게 되면 어쩌지?' 하는 걱정은 안 해도 돼요.

Let me know if you need any help/assistance.

도움이 필요하면 언제든 알려 주세요.

> 위 표현은 반대로 점원이 당장 도움이 필요하지 않은 손님에게 쓸 수 있는 표현입니다.

I'm looking for ~. ~을/를 찾고 있어요.   if ~ ~인지 (아닌지)

Boost Up » 대화 마스터

088

> Hi there.
> Can I help you with anything?

> No, thanks.
> I'm just looking around.
> But do you have any sales going on?

> All sweaters are 50% off.

> Great.
> Actually, I'm looking for some warm clothing.
> I'll check out the sweater sale.

> Great.
> Let me know if you need any help.

> Sure, I'll let you know if I need anything.

Hi there. 안녕(하세요). (문맥상 '안녕하세요, 손님.'으로 해석)
go on (어떤 상황이) 계속되다   be ~% off ~% 할인하다

안녕하세요, 손님.
도와 드릴까요?

(말씀은) 감사하지만, 괜찮습니다.
그냥 둘러보는 거예요.
그런데 지금 세일 중인 게 있나요?

모든 스웨터는 50% 할인이에요.

잘됐네요.
실은, 따뜻한 옷을 찾고 있었어요.
세일하는 스웨터를 살펴봐야겠네요.

잘됐네요.
도움이 필요하면 알려 주세요.

네. 필요한 게 있으면 알려 드릴게요.

Great. 좋아요. (잘됐네요.)   check out (흥미로운 것을) 살펴보다, 확인하다

Lesson 02
Trying something on

Warm Up
└ 팩트 체크

Level Up
└ 원어민 게이지

Boost Up
└ 대화 마스터

Warm Up » 팩트 체크

 'fitting room'과 'changing room'의 차이?

한국에서는 'fitting room'과 'changing room'을 모두 '탈의실'이라고 통칭하기 때문에, 두 단어를 구별해 사용하기 어려웠을 거예요. 사실, 운동을 하러 간 체육관에서 'Where is the fitting room?'이라고 묻는다면 굉장히 어색하게 들리거든요. 그 이유를 아래 내용을 통해 알아볼게요!

• fitting room → 매장에서 구매하기 전에 의류를 입어 볼 수 있는 탈의실을 가리키는 말로 옷가게에서만 사용

• changing room → 의류 매장뿐 아니라, 피트니스 센터나 사우나 등 옷을 갈아입을 수 있는 장소를 통칭해 사용

따라서 의류 매장이 아닌 기타 장소에서 탈의실을 찾을 때에는 'Where is the changing room?'이라고 말하도록 할게요!

 매장에서 마음대로 아무거나 입어 보면 큰일!

미국의 몇몇 의류 매장에서는 손님이 입어 볼 수 있는 것과 입어 볼 수 없는 것이 정해져 있습니다. 예를 들어, 대부분의 매장에서 속옷이나 수영복은 입어 볼 수 없도록 제한하고 있습니다. 또한, 한번 구매하면 환불 처리도 불가능합니다. 하지만 일부 매장에서는 이러한 물품을 입어 볼 수 있도록 해 주거나 손님이 집에서 입어 본 후 반품을 요청했을 때에도 환불 처리해 주기도 합니다. 따라서 입어 보기를 원하는 제품이 있을 때에는 다음과 같이 점원에게 먼저 물어보세요.

e.g. Can I try this on? / Is it alright to try this on?
이거 입어 봐도 될까요?

원어민 게이지 ··· 50%

089 ◀))

||||||||||||||||||||||||||||

Could/Can/May I try this on? 이거 입어 봐도 될까요?

Yes, the changing/fitting room is there.

네, 탈의실은 저기예요.

No, we don't have a changing/fitting room.

아니요, 여기는 탈의실이 없어요.

No, we have a no try-on policy.

아니요, (방침상) 입어 보실 수 없어요.

> 위 표현들은 매장에서 옷 등 착용 가능 여부를 묻고 답하는 기본 표현들이에요.

try on (옷 등을) 입어 보다   We have a no try-on policy. 착용 불가(에 대한) 규정이
있어요. (문맥상 '방침상 입어 보실 수 없어요.'라고 해석)

원어민 게이지 ··· 80%

090 ◀))

||||||||||||||||||||||||||||||||||||

Do you have a changing/fitting room?

탈의실 있나요?

Where can I try this on? 어디서 입어 볼 수 있나요?

> 탈의실의 위치를 묻는 표현은 'Where is the changing/fitting room? (탈의실은
> 어디 있나요?)'이라고 물어볼 수도 있습니다.

Do you have this in a larger size?

이거 더 큰 사이즈 있어요?

How many items can I try on (at a time)?

(한 번에) 몇 개를 입어 볼 수 있나요?

You can try on 3 items (at a time).

(한 번에) 3개 입어 보실 수 있어요.

> Do you have ~? ~ 가지고 있어요? (문맥상 'Is there ~? (~ 있어요?)'와 동일한 의미로 해석)
> at a time 한 번에

 원어민 게이지 ··· 100%　　　　　　091 🔊

I decided to get this. / I'll take this.

이걸 사기로 결정했어요. (이걸로 할게요.)

I decided not to get this. / I won't be needing this.

이걸 사지 않기로 결정했어요. (안 살래요.)

Do you carry this in blue? 이거 파란색(도) 있나요?

> 위 표현을 활용해서 원하는 것의 다른 색상이나 사이즈 등이 있는지 물어볼 수 있어요.
> 원어민들이 실제로 자주 사용하는 표현입니다.

I'll take this (one). 이걸로 살게요. (I'll buy this.)
요하지 않을 거예요. (문맥상 '안 살래요.'라고 해석)
(문맥상 'Do you carry ~?'를 '~ 있어요?'라고 해석)

I won't be needing this. 이게 필
carry (가게에서 품목을) 취급하다

Boost Up » 대화 마스터

092

Excuse me. Do you have a changing room?
Also, do you carry these pants in a larger size?
I'm worried they won't fit.

Yes, the changing room is that way.
And unfortunately, the larger size is sold out.

Okay, I guess I'll try these on.
How many items can I try on at a time?

You can try on 5 items at a time.

I decided to get this shirt, but I won't be needing
these pants. Thank you.

No problem.
You can pay at the cash register over there.

fit (의복 등이) 꼭 맞다, 어울리다   unfortunately 유감스럽게도, 안타깝게도
be sold out (가게에서 특정 상품이) 품절되다, 매진되다

실례지만, 탈의실이 있나요?
그리고 이 바지 더 큰 사이즈로 있어요?
안 맞을까 봐 걱정돼서요.

네, 탈의실은 저쪽입니다.
안타깝게도 더 큰 사이즈는 품절이에요.

알겠어요. 한번 입어 봐야겠네요.
한 번에 몇 벌까지 입어 볼 수 있어요?

한 번에 5벌 입어 보실 수 있어요.

이 셔츠는 사(기로 결정했)고,
이 바지는 안 살래요. 감사합니다.

알겠습니다.
계산은 저쪽 계산대에서 하실 수 있어요.

I guess I'll ~. ~해 봐야겠어요.　　cash register 금전 자동 수납 계산기, 계산대

Lesson 03
Trying something out

시험 삼아 사용해 보기

Warm Up
└ 팩트 체크

Level Up
└ 원어민 게이지

Boost Up
└ 대화 마스터

ⓘ 'try (out)'과 'test (out)'의 차이는?

'try (out)'과 'test (out)' 모두 '~(시험)해 보다'라는 의미로, 혼동할 수 있지만 세부적인 뜻과 그 쓰임은 아래와 같이 구분됩니다.

- try → '노력하다, (좋을지 알맞을지 등을 보려고) 써 보거나 해 보다'
  e.g. You should try to sleep early. 일찍 자도록 노력해야 해요.
  Please try this new laptop. 이 새 노트북을 사용해 보세요.

- try out → '써 보다, 해 보다, (팀이나 연극 등에 참가하기 위해) 오디션에서 경쟁하다'
  e.g. I'd like to try out these headphones.
  이 헤드폰을 사용해 보고 싶어요.
  Are you going to try out for the baseball team?
  야구팀에 도전할 건가요?

- test → '시험, 검사, (능력/성능/작동 여부 등을) 시험하다, 검사하다'
  e.g. The product is going through tests.
  그 제품은 테스트하는 중입니다.
  I'd like to test this sofa before buying it.
  이 소파를 사기 전에 한번 써 보고 싶어요.

- test out → '(능력/성능/작동 여부 등을) 시험하다, 검사하다'

ⓘ 미국에서 대형 상점에 들러야 하는 이유!

미국에서 대형 상점들은 대부분 진열 공간을 마련해 두어 노트북, 태블릿, TV 등을 고객들이 시용해 볼 수 있도록 합니다. 또한 대형 식료품점에서는 주말 피크 시간에 시식을 제공합니다. 따라서 구매 전 대형 상점들 중 한 곳에 방문하여 직접 써 볼 수 있는 기회를 활용해 보세요.

원어민 게이지 ··· 50%

093

Can/May I try it (out)?

사용해 볼 수 있나요?

Try it (out).

시험 삼아 써 보세요.

> 위 표현들은 모두 물건을 구매하기 전, 시험 삼아 사용해 볼 수 있는지를 물어보거나 이를 제안하는 가장 쉽고 간단한 표현들입니다.

try (out) (시험 삼아) 사용해 보다, 시용하다

원어민 게이지 ··· 80%

094

Can I give it a try?

(시험 삼아) 한번 해 봐도 될까요?

Feel free to try it (out). / Feel free to test it.

편하게 한번 사용해 보세요. (편하게 테스트해 보세요.)

Give it a try. / Give it a go.

(시험 삼아) 한번 해 보세요.

give A a try (시험 삼아) A를 한번 해 보다   Feel free to ~. 편하게 ~하세요.
give A a go A를 한번 해 보다, 시도해 보다

Can I try my hand at it? 한번 해 봐도 될까요?

Would you like to put it to the test?

한번 시험해 보시겠어요?

> 위 질문에서 'put A to the test (A를 시험하다)'는 예를 들어, 신형 자동차 모델을 출시
> 하기 전 성능을 확인하는 것과 같이 검사/테스트를 한다는 뉘앙스가 강한 표현입니다.

I'd like to take this scooter for a spin.

이 스쿠터를 한번 타 보고 싶어요.

Would you care to test drive it?

한번 시운전해 보실래요?

> 위 표현들에서 'take A for a spin / test drive A (A를 시운전해 보다)'는 '탈것'을
> 시험해 본다는 의미로 사용해요. 자동차의 경우 'take a car for a test drive'도 같
> 은 의미로 쓸 수 있습니다.
>
> **e.g.** I'd like to take it for a test drive before I decide to buy it or not.
> 　　살지 말지를 결정하기 전에 시운전을 해 보고 싶어요.

Would you like to sample our new sausages?

저희 새(로 나온) 소시지를 시식해 보시겠어요?

> 위 질문은 '음식'을 시험 삼아 먹어 보도록 제안하는 표현입니다.

---

try A's hand at B (A가 직접) B를 해 보다　　put A to the test A를 시험하다
Would you care to ~? ~하시겠어요?　　sample (음식을) 시식/시음하다

Boost Up » 대화 마스터

096

> Hello. I see you're looking at SUVs.
> Would you like to put one to the test?

> Yes. Could I put it to the test?
> I'd like to take it for a test drive
> before I decide to buy it or not.

> Sure, let's take it for a spin.
> Here are the keys.

> Can I try my hand at it?
> I'd like to drive it myself.

> Please, feel free to try it out yourself.

> Alright. I'll give it a go.

look at ~ ~을/를 보다   take a car for a test drive 시운전을 하다 (위에서 'a car' 대신 'it'을 사용)   before 전에

안녕하세요. SUV를 보고 계시군요.
한번 시험해 보시겠어요?

네. 시험해 봐도 될까요?
살지 말지 결정하기 전에
시운전을 해 보고 싶어요.

물론이죠, 시승해 보도록 하죠.
열쇠 여기 있습니다.

제가 해 봐도 되죠?
직접 운전해 보고 싶어요.

네, 편하게 (운전)해 보세요.

네, 한번 (운전)해 볼게요.

try it out oneself 직접 시험해 보다 (위에서 'it'은 'a car'를 지칭하여 'Please, feel
free to try it out yourself.'는 '편하게 운전해 보세요.'라는 의미)

Lesson 04

Paying

결제하기

Warm Up
└ 팩트 체크

Level Up
└ 원어민 게이지

Boost Up
└ 대화 마스터

Warm Up » 팩트 체크

 'sale'과 'clearance' 그리고 'discount'의 차이는?

- sale → 특정 기간 동안 상점으로 고객을 유치하기 위한 할인(행사), 즉 물건들을 당장 구매하도록 하기 위한 거예요. 'back to school (새 학기 맞이)/end of season (시즌오프)/Christmas (크리스마스)/summer (하계) sale' 등이 인기가 좋아요. 할인이 끝나면 상품들은 정가에 다시 판매돼요.

- clearance → 폐점이나 새 상품 입고 등을 목적으로 재고를 처리하기 위한 할인(행사), 즉 해당 제품을 구매할 수 있는 마지막 기회예요. 4월에 겨울 옷을 싸게 판매하는 이월상품도 이에 해당하지요.

- discount → 'sale/clearance'를 모두 포괄하는 가격 인하를 말해요.
  e.g. This is a large discount. 이건 대폭 할인이에요.
  All of these boots are discounted. 모든 부츠는 할인됩니다.

매장에서 신용카드를 만든다?

미국에서는 매장에서 물건을 계산할 때 점원이 'store credit cards (매장신용카드) / membership cards (멤버십 카드) / rewards cards (포인트 적립 카드)' 등을 신청하고 싶은지 다음과 같이 물어봅니다.

e.g. Would you like to sign up for a store credit/membership/rewards card?
매장 신용카드 / 멤버십 카드 / 포인트 적립 카드를 가입하시겠어요?

'store credit cards (매장 신용카드)'는 미국에서 매우 널리 사용되는, 해당 매장에서만 사용하는 신용카드입니다. 점원은 일반적으로 고객 가입 실적을 통해 수수료를 받거나 승진을 위한 업무 평가에 가산점을 받을 수 있습니다.

원어민 게이지 ··· 50%

097 🔊

Will that be cash or card?

현금인가요, 카드인가요? (현금과 카드 중 무엇으로 결제하시겠어요?)

Cash, please. 현금으로 할게요.

cash 현금 card (debit (직불)/credit (신용) 등의 결제용) 카드

원어민 게이지 ··· 80%

098 🔊

How would you like to pay? 어떻게 결제하실 건가요?

(I'd like to pay) With/By card, please.

카드로 결제할게요.

Do you take credit/debit cards? 카드(로) 결제되나요?

Is this on sale/clearance? 이거 할인하나요?

위 질문은 상품의 할인 여부를 묻는 표현입니다. 아래 예문들 중 하나로 바꿔 물어볼 수
도 있습니다.

e.g. Is there a sale/discount on this?

Is this discounted? 이거 할인하나요?

pay with/by ~ ~(으)로 결제하다, 지불하다   take 받다 ('Do you take cards?'는 '카드
받으세요? → 카드(로) 결제되나요?'라고 해석)

Do you want your receipt with you or in the bag?

영수증을 지참하시겠어요, 아니면 쇼핑백에 담아 드릴까요?

In the bag, please. 쇼핑백에 담아 주세요.

> 영수증이 필요 없을 때는 일단 쇼핑백에 담아 달라고 하고, 나중에 직접 처리해요.

What's your return policy on swimsuits?

수영복(에 대한) 반품 규정이 어떻게 되나요?

We accept returns and exchanges for up to 3 days.

(저희 매장은) 최대 3일까지 반품 및 교환을 해 드려요.

We do not accept returns or exchanges.

(저희 매장은) 반품이나 교환은 받지 않아요.

Accessories cannot be returned or exchanged.

액세서리(류)는 반품 및 교환이 불가합니다.

> 반품/교환 규정은 품목마다 다를 수 있고, 특히 할인 품목의 경우 반품/교환 여부나 유효 기한 등을 꼭 확인하는 게 좋아요.

---

receipt 영수증   return policy on ~ ~(에 대한) 반품 규정   accept 받아들이다, 받아 주다   return 반품(하다)   exchange 교환(하다)   up to ~ ~까지

Boost Up » 대화 마스터

100

Your total is $40.
How would you like to pay today?

Really?
Are these sweatshirts on sale?

Yes, they're half-off.
Would you like to sign up for a membership card?

No, thank you.
Just in case, what's your return policy?

We do not accept returns or exchanges on sale items.
Do you want your receipt with you or in the bag?

In the bag, please.
Thank you.

total 합계, 총   sweatshirts 운동복 상의 (스웨트셔츠)   half-off 반값의, 50%
할인의 (50% off)   sign up 가입하다, 등록하다

총 40달러입니다.
오늘은 결제 어떻게 해 드릴까요?

정말요?
이 스웨트셔츠 세일하나요?

네, 반값 할인이에요.
회원 카드 가입하시겠어요?

아뇨, 감사합니다.
혹시 모르니, 반품 규정은 어떻게 되나요?

세일 품목에 대해서는 반품이나 교환을 받지 않아요.
영수증을 지참하시겠어요, 쇼핑백에 넣어 드릴까요?

쇼핑백에 넣어 주세요.
감사합니다.

membership card 멤버십 카드　　just in case (혹시라도) (~할) 경우에 대비해서

Lesson 05

Asking for refunds or exchanges

교환 또는 환불 요청하기

 Warm Up
└ 팩트 체크

>>

 Level Up
└ 원어민 게이지

>>

 Boost Up
└ 대화 마스터

Warm Up » 팩트 체크

❗ 'return'은 '반품(하다)', 'refund'은 '환불(하다)'!

- return → '반품(하다)'이란 뜻이며, 구매자가 제품을 환불하거나 교환하고 싶을 때 상점에 요청하는 것을 말합니다.

  e.g. I want to return these shoes.
  이 신발을 반품하고 싶어요.

  'return'이 명사로 쓰일 땐 주로 동사 'make/accept'와 함께 써요.

  e.g. I'd like to make a return.
  반품하고 싶은데요.
  We don't accept returns after 30 days.
  30일 이후에는 반품을 받지 않습니다.

- refund → '환불(하다)'이란 뜻이며, 제품을 반품하고 돈을 돌려받는 것을 말합니다. 제품을 'return (반품)'하는 방법 중 하나예요.

  'refund'가 명사로 쓰일 땐 주로 'get/give'와 함께 써요.

  e.g. I'd like to get a refund on this lamp.
  저는 이 램프를 환불받고 싶어요.
  We can give you a refund if you have the receipt.
  영수증이 있으면 환불해 드릴 수 있습니다.

  참고로 돈을 돌려받지 않고 다른 제품을 받길 원한다면 'exchange (교환)'를 요청할 수 있습니다.

❗ 영수증은 무조건 보관할 것!

미국에서는 물건을 살 때 영수증을 거절하는 일이 흔치 않습니다. 반품이나 교환 시 반드시 필요하기 때문이에요. 가끔은 반품 기간 내 영수증만 있다면, 어느 정도 사용했거나 심지어 세탁한 제품에 대해서 환불해 주는 일도 있습니다. 따라서 영수증은 꼭 보관해 두는 걸 잊지 마세요!

원어민 게이지 ··· 50%　　　　　　　　101 ◀))

Do you want to exchange this?

이것을 교환하시겠어요?

I would like a refund.

이것을 환불하고 싶어요.

I would like to return this for a refund.

환불을 위해 이것을 반품하고 싶어요.

> return A for <u>a refund/an exchange</u> 환불/교환하기 위해 A를 반품하다

원어민 게이지 ··· 80%　　　　　　　　102 ◀))

I would like to exchange this for a different size.

이것을 다른 사이즈로 교환하고 싶어요.

Can/May I ask why you want to return it?

반품하려는 이유를 물어봐도 될까요? (알려 주시겠어요?)

> 위 질문은 점원이 반품 사유를 묻는 것으로, 다음과 같이 물어볼 수도 있어요.
> **e.g.** Can/May I ask why you <u>are returning it</u>?
> 　　반품하려는 이유를 물어봐도 될까요? (알려 주시겠어요?)

> exchange A for B A를 B로 교환하다

원어민 게이지 ⋯ 100%

103

What seems to be the problem (with it)?

(제품에) 무슨 문제가 있는 건가요?

> 점원은 반품/교환/환불 사유에 대해 다음과 같이 물을 수도 있어요.
> **e.g.** Is there something wrong with it? 무슨 문제가 있는 건가요?

It's too <u>tight</u>. ⟶ <u>baggy</u>.

너무 꽉 껴요.   너무 헐렁해요.

I just decided not to get it. 그냥 안 사기로 했어요.

> 손님은 위 답변들 외에 다음과 같이 에둘러 말할 수도 있어요.
> **e.g.** It's just not right for me. (그 제품은) 저한테 안 맞아요.

Do you have the card that you used to make the payment with you?

결제할 때 사용하신 카드 있으세요?

I'll need to issue the refund to the card you used.

고객님이 결제했던 카드로 환불을 해야 해요.

We don't allow returns on clearance/sale items.

할인 품목은 반품할 수 없어요.

---

make payment 지불하다   issue a refund 환불해 주다   allow 허용하다

Boost Up » 대화 마스터

 104

Hello.
I would like to return these pants and hat.

Hello.
May I ask why you want to return them?

The pants are too tight and
the hat just isn't right for me.

Do you want to exchange them or do you want
a refund? May I see your receipt?

I would like to exchange the pants for a larger size.
I would like to return the hat for a refund.

Alright. Do you have the card that you used
to make the payment with you?

 tight 꽉 끼는, 조이는 　A just isn't right for me. A는 저한테 안 맞아요.
(취향/사이즈 등 문맥에 맞게 자연스럽게 해석)　larger 더 큰

안녕하세요.
이 바지와 모자를 반품하고 싶은데요.

안녕하세요.
반품하려는 이유를 알려 주시겠어요?

바지가 너무 조이고,
모자는 안 맞아요.

교환하시겠어요, 아니면 환불하시겠어요?
영수증 좀 볼 수 있을까요?

바지는 더 큰 사이즈로 교환하고 싶고요.
모자는 환불받기 위해 반품하고 싶어요.

알겠습니다.
결제할 때 사용했던 카드 가지고 계신가요?

Lesson 06
Talking about your purchase

Warm Up
└ 팩트 체크

≫

Level Up
└ 원어민 게이지

≫

Boost Up
└ 대화 마스터

ⓘ 'get'과 'buy', 어떻게 다를까?

어떤 물건을 구매할 때 'get'과 'buy' 모두 '사다'라는 의미로 쓰는데요. 이 중 'get'은 좀 더 다양한 의미로 쓰고 'buy'는 구매할 때만 사용합니다. 각 단어의 의미와 쓰임을 살펴볼까요?

- get → ① (어디에 가서) 가져오다

    e.g. Let me get my jacket. 재킷을 가져올게요.

    ② (무엇을) 사다

    e.g. I got a shirt at the store. 상점에서 셔츠를 샀어요.

    ③ (다른 사람에게 무언가를) 받다

    e.g. She got a book for Christmas.
    그녀는 크리스마스 선물로 책을 받았어요.

- buy → 무언가를 구입할 때만 사용해요. 해당 물건은 다른 사람을 위한 것일 수 있지만, 여러분이 물건에 대해 돈을 지불한다는 것을 의미해요.

    e.g. I bought a coat. 코트를 샀어요.

    Let me buy you a cake. 제가 케이크를 사 드릴게요.

ⓘ 'shopaholic (쇼핑광)'이란?

소비 행위에 중독된 것처럼 멈추지 못하는 사람을 'a shopaholic (쇼핑광)' 이라고 합니다. 누군가 소비를 과하게 할 때 가볍게 말할 수도 있지만, 심각 하게 쓰기도 해요. 'shopaholic'은 'retail therapy (쇼핑 테라피/요법)', 즉 기분 전환을 위해 소비를 합니다. 'retail therapy' 또한 상황에 따라 심각성 이 다르게 받아들여질 수 있어요.

e.g. You're such a shopaholic! 넌 정말 쇼핑광이야!

I could go for some retail therapy.
나 기분 전환하러 쇼핑하러 갈 수 있어.

원어민 게이지 ··· 50% 105

I like/love your scarf. 스카프가 정말 예쁘네요.

Where did you get/buy it? 그거 어디서 샀어요?

like/love 마음에 들어 하다 (문맥상 칭찬하는 의미로 '예쁘다'라고 해석)

 원어민 게이지 ··· 80% 106

I got/bought it online.

온라인으로 샀어요.

> 오프라인 구매라면 'I got/bought it at ~. (~에서 샀어요.)', 선물 받은 경우라면 'I got it as a gift. (선물 받았어요.)'라고 말할 수도 있지요.

I've had this forever. 이건 오래전부터 (가지고) 있었어요.

I don't remember where I got/bought it.

어디서 샀는지 기억이 안 나요.

How do you like it? 마음에 들어요?

> 'Do you like it? (마음에 들어요?)'보다 훨씬 정중한 표현이에요.

online 온라인   remember 기억하다

|||||||||||||||||||||||||||||||||||||||||||||||||||||||||||||||||||

I just had to have it.

전 그걸 가져야만 했어요.

As soon as I saw it, I knew I had to have it.

그걸 보자마자 전 제가 그걸 가져야 한다는 걸 알았어요.

> 위 표현들은 모두 '도무지 사지 않을 수 없었다.'라는 의미의 표현들입니다. 소비에 굉장히 만족을 느꼈을 때 한번 써 보세요!

It was an impulse buy.

충동 구매였어요.

I'm not happy/satisfied with it.

그것에 만족하지 않아요. (마음에 안 들어요.)

> 위 표현들은 반대로 소비에 불만족스러운 경우에 쓸 수 있는 표현들입니다.
> 참고로 'I'm not happy/satisfied with it. (그것이 마음에 들지 않아요.)'의 경우,
> 'not' 없이 'I'm happy/satisfied with it. (마음에 들어요.)' 하고 만족의 표현으로
> 쉽게 바꿔 쓸 수 있습니다.

It was a steal! / It was a deal!

그거 아주 싸게 샀어!

It was a rip-off!

그거 바가지네!

---

impulse 충동, 자극   steal 횡재, 공짜나 다름없이 산 물건   rip-off 바가지

Boost Up » 대화 마스터

108

Oh my god! I love your dress.
Where did you get it?

Thank you! I've had it forever.
So, I don't remember where I got it from.
I think I got it online, though.

I've been thinking of getting a long dress like that.
Do you like it?

Yeah, I'm really happy with it. It's very comfortable.
As soon as I saw it, I knew I had to have it.

Do you mind my asking if it was expensive?

I don't mind. It was a deal! If you look around online,
I'm sure you can find something similar.

though 그렇지만, 하지만 (앞의 문장과 반대되는 내용의 문장 끝에 붙여서 말함)
I've been thinking of 동사-ing ~. 전 ~을/를 줄곧 생각해 왔어요.

세상에! 드레스가 예뻐요.
어디서 샀어요?

감사해요! 이 드레스 오래전부터 갖고 있던 거라
어디서 샀는지 기억이 안 나요.
인터넷에서 산 거 같긴 해요.

전 그렇게 긴 드레스를 입는 걸 줄곧 생각해 왔어요.
마음에 드세요? (그 옷 괜찮나요?)

네, 정말 마음에 들어요. 아주 편해요.
전 이 드레스를 보자마자, 제가 가져야 한다는 걸 알았지요.

혹시 비싼지 물어 봐도 될까요?

괜찮아요. 싸게 샀어요!
인터넷 찾아보면 분명 비슷한 걸 찾을 수 있을 거예요.

comfortable 편안한   Do you mind my/me asking if ~? ~을/를 물어봐도 될까요?
I'm sure you can find ~. ~을/를 분명 찾으실 수 있을 거예요.   similar 비슷한

퀴즈 플레이

1 Can I _____ you with anything?

도와 드릴까요?

2 I'm just _____ around.

그냥 둘러보는 거예요.

3 Do you have a _____ room?

탈의실이 있나요?

4 Also, do you _____ these pants in a larger size?

그리고 이 바지 더 큰 사이즈로 있어요?

5 Could I _____ it to the test? I'd like to _____ it for a test drive before I decide to buy it or not.

시험해 봐도 될까요? 살지 말지 결정하기 전에 시운전을 해 보고 싶어요.

---

1. help/assist　　**2.** looking　　**3.** changing/fitting

4. carry/have　　**5.** put, take

6 Please, feel ▢▢▢▢ to try it out yourself.

편하게 (운전)해 보세요.

7 Just in case, what's your ▢▢▢▢ policy?

혹시 모르니 반품 규정은 어떻게 되나요?

8 We do not ▢▢▢▢ returns or exchanges on sale items.
Do you want your ▢▢▢▢ with you or in the bag?

세일 품목에 대해서는 반품이나 교환을 받지 않아요. 영수증을 지참하시겠어요.
쇼핑백에 넣어 드릴까요?

9 I would like to ▢▢▢▢ the pants for a larger size.
I would like to return the hat ▢▢▢▢ a refund.

바지는 더 큰 사이즈로 교환하고 싶고요.
모자는 환불받기 위해 반품하고 싶어요.

10 I ▢▢▢▢ your dress. Where did you ▢▢▢▢ it from?

드레스가 예뻐요. 어디서 샀어요?

---

6. free   **7.** return   **8.** accept, receipt
9. exchange, for   **10.** love/like, get/buy

CHAPTER 07

Sharing Opinions

의견 주고받기

Lesson 01
Asking someone's opinion

의견 물어보기

Warm Up
ㄴ 팩트 체크

>>

Level Up
ㄴ 원어민 게이지

>>

Boost Up
ㄴ 대화 마스터

⚠ 'think of'보다 적극성이 느껴지는 'think about'!

대부분의 경우, 'of'와 'about'을 자유롭게 바꿔서 사용할 수 있습니다. 다른 사람의 의견이나 생각을 물어볼 때, 어떤 계획에 대해 말할 때 '~에 대해 생각하다/고려하다'라는 의미로 사용하죠.

e.g. What do you think of/about the new proposal?
새로운 제안에 대해 어떻게 생각해요?
I'm thinking of/about moving to a new city.
새로운 도시로 이사하는 걸 고려 중이에요.

사실 아주 미묘한 차이가 있긴 합니다. 'of'는 생각이 저절로 떠오르거나, 또는 오랫동안 고민하지 않은 경우에 더 자주 씁니다.

e.g. I never thought of that. 그건 생각 안 해봤어요.

'about'은 얼마 동안 적극적으로 생각하거나 관련된 부분까지도 생각하는 경우에 더 자주 씁니다.

e.g. Let me think about it for a while. 잠시 생각해 보겠습니다.

⚠ '답정너', 영어로?

미국에서는 자신만 옳다고 생각하고 다른 사람의 의견을 받아들이지 않는 사람을 'closed-minded (완고한), opinionated (독선적인), strong-minded (심지가 굳은)'라고 종종 묘사해요.

e.g. I hate how closed-minded my grandparents are.
난 조부모님이 너무 완고하신 게 싫어. → 부정적
She is very opinionated.
그녀는 매우 독선적이야. → 중립적
It's important to be strong-minded to succeed.
성공하기 위해선 굳은 심지가 중요해. → 긍정적

원어민 게이지 ⋯ 50%　　　　　　109

What do you think (of/about this)?

(이것에 대해) 어떻게 생각해요? (어때요?)

위 표현은 어떤 것에 대한 생각/의견을 묻는 가장 기본적인 표현입니다. 'of/about' 뒤에는 명사/동명사(동사-ing)가 올 수 있고, 주제에 따라 과거형(did)으로 묻는 것이 자연스러운 경우도 있어요.

e.g. What do you think about ordering take-out food?
포장 음식 주문하는 거 어떻게 생각해? (어때?)
What did you think of the movie? 그 영화 어땠어?

order take-out food 포장 음식을 주문하다

 원어민 게이지 ⋯ 80%　　　　　　110

What's your opinion (on this)?

(이것에 대해) 어떻게 생각하세요?

How do you feel about this?

이것에 대해 어떻게 생각하세요?

위 질문들은 단순히 '좋다/싫다' 등의 답변보다는 생각하는 바를 상세히 설명해 주길 요하는 표현들이에요.

feel 느낌 · 생각 등이 들다, (어떤 것에 특정한 의견을 가질 때) 생각하다

원어민 게이지 ··· 100%

111

What's your take (on this)?

(이것에 대해) 어떻게 생각하세요?

> 위 질문에서 'take'는 명사로, 'opinion'과 같은 의미예요. 마찬가지로 주제에 관한 구체적인 생각과 의견을 답변으로 요하는 표현입니다.

What are your thoughts (on this)?

(이것에 대한) 당신의 생각은 무엇인가요? (어떻게 생각하세요?)

What are your views (on this)?

(이것에 대한) 당신의 견해는 무엇인가요?

> 위 질문들처럼 직접적으로 의견을 물을 수도 있지만, 다음과 같이 간접적으로 답을 청할 수도 있어요.
>
> **e.g.** I'd love/like to hear what you think. 당신은 어떻게 생각하는지 듣고 싶어요.
> I'd be interested in hearing your point of view.
> 당신의 견해를 듣고 싶어요.

Where do you stand (on this)?

(이것에 대한) 당신의 생각은 무엇인가요? (어떻게 생각하세요?)

> 'stand'는 '(~에 대해) 특정한 입장에 (서) 있다 → 어떤 입장을 취하는 의견을 가지고 있다'라는 뉘앙스로, 위 질문에 답할 때는 자신의 입장을 밝히고, 그 이유를 설명합니다. 이때는 사안(주제) 역시 일반적으로 진지하고 무거운 주제인 경우가 대부분입니다.

---

take 의견, 해석 (opinion)   thought 생각 (view)   point of view 관점, 견해

Boost Up » 대화 마스터

112

> What did you think of the movie?

> It was pretty good, but the ending was
> kind of weird. How did you feel about it?

> I thought the ending was perfect!
> I didn't see it coming. Don't you agree?

> Well, I agree it had a twist.
> But, I don't think that made it good.
> Then, what's your take on the main character?
> I'd love to hear what you think about him.

> I think he wasn't really a bad person.
> He did what he did out of love.
> What are your thoughts?

> I wasn't a fan, to be honest.

pretty 어느 정도, 패   ending 결말   kind of 약간, 좀   weird 이상한
I didn't see it coming. 예상하지 못했어.   twist (이야기 전개의) 반전, 전환

그 영화 어땠어?

꽤 괜찮았는데 결말이 좀
이상했어. 넌 어땠어?

난 결말이 완벽하다고 생각했어!
그걸 예상하지 못했거든. 그렇지 않아?

글쎄, 난 반전이 있었다는 건 동의하는데,
그게 좋다고는 생각하지 않아.
그럼, 주인공에 대해서는 어떻게 생각해?
네가 (주인공에 대해) 어떻게 생각하는지 듣고 싶어.

난 그 사람이 정말 나쁜 사람은 아니었다고 생각해.
그는 사랑해서 (그가) 해야만 했던 행동을 한 거지.
넌 어떻게 생각하는데?

솔직히 말하면, (주인공을) 좋아하진 않았어.

main character 주인공   out of love 사랑하는 마음에서   be not a fan (of ~)
~의 팬이 아니다 → ~을/를 좋아하지 않다

Lesson 02
Giving advice

Warm Up
└ 팩트 체크

 》

Level Up
└ 원어민 게이지

》

Boost Up
└ 대화 마스터

Warm Up » 팩트 체크

ⓘ 'must / have to / should / ought to', 뭐가 다를까?

- must → 강한 정도의 의무를 나타내며 공적일 때 주로 써요.
  부정형 'must not'은 '~하면 안 된다'라는 금지를 나타내요.
  e.g. You must try your best. 당신은 최선을 다해야 합니다.
  You must not smoke in the building.
  실내에서 담배 피우면 안 됩니다.

- have to → 강한 의무를 나타내요. 'must'와 같이 많이 쓰긴 하지만
  'must'보다는 일상적인 느낌으로 자주 씁니다.
  부정형 'don't have to'는 '~하지 않아도 된다'라는 뜻이므로 주의하세요.
  e.g. You have to talk to her. 그녀랑 얘기해야 해요.
  You don't have to do anything you don't want to.
  당신이 하고 싶지 않은 일은 할 필요 없어요.

- should (not) / ought (not) to → 명시적 의무, 충고를 나타내요. 의무의
  정도는 'must'나 'have to'보다는 적어요.
  e.g. You should listen to your parents.
  부모님 말씀을 잘 들어야 해요.
  You ought to eat healthier. 더 건강하게 드셔야 해요.

ⓘ 오지랖은 금물!

만약 누군가 'unsolicited advice (청하지도 않은 충고)'를 한다면, 여러분은 불쾌함을 표현하기 위해 'Did I ask? (내가 물어봤어요?)'라고 말할 수 있어요. 보다 완곡히 거절 의사를 밝히려면, 'I'm sorry. I don't want any advice. (죄송하지만, 전 조언을 바라지 않아요.)'라고 말해요. 반대로 여러분이 굳이 먼저 조언해 주고 싶은 경우가 생긴다면, 'Can I give you some advice/a piece of advice? (제가 조언을 좀 해 줘도 될까요?)'라고 물어 상대의 의사를 확인할 수 있습니다.

원어민 게이지 ⋯ 50%

113 ◀))

(I think) You should just try. 그냥 해 봐요.

Why don't you just apply? 그냥 신청하는 게 어때요?

try 해 보다, 시도하다   apply 신청하다

원어민 게이지 ⋯ 80%

114 ◀))

You ought to go to work on time.

정각에 출근해야 해요.

I would advise (that) you tell your friend the truth.

난 네가 친구한테 진실을 말하는 걸 추천해.

You'd better apologize. 사과하는 게 좋을 거예요.

> 위 표현에서 'had better ~ (~하는 게 좋을 것이다)'는 엄중히 경고하는 느낌을 줄
> 수 있습니다.
> 참고로 다음과 같이 사용하면 급박한 상황을 나타낼 수도 있어요.
> **e.g.** You'd better call in a plumber right now. The toilet's blocked up.
> 배관공을 당장 부르는 게 좋을 거야. 변기가 막혔어.

Have you thought about how she feels?

그녀의 기분이 어떨지 생각해 봤어요?

Have you tried talking to your mom about the problem?

그 문제에 대해 어머니한테 말씀드려 봤어요?

위 두 표현들은 비교적 유연하게 다른 가능성을 제시하고 있어요.

go to work 출근하다   Have you thought about ~? ~에 대해 생각해 봤어요?
Have you tried 동사-ing ~? ~해 봤어요?

원어민 게이지 ··· 100%   115 ◀))

||||||||||||||||||||||||||||||||||||||||||||||||||||||||||||

If it were up to me, I would go. 나라면, 갈 거예요.

If I had a say, I would choose not to.

내게 발언권이 있다면, 안 하는 걸로 선택할 거예요.

If it were my decision, I would compromise.

(그게) 내 결정이라면, 난 타협할 거예요.

위 표현들은 조심스럽게 자신의 입장에 빗대어 제안하고 있어요.

It's worth a try. 시도해 볼 가치가 있어요. (해 볼 만해요.)

The sooner (you make a choice), the better.

(선택이) 빠를수록 좋아요.

be up to ~ ~에게 달려 있다   have a say 발언권이 있다   compromise 타협하다
worth a try 시도해 볼 가치가 있는   make a choice 선택하다

Boost Up » 대화 마스터

116

Hey, you look stressed out.
Can I give you some advice?

Sure. All advice is welcome. I just can't
make up my mind about which job to accept.

Have you tried making a list of
all the pros and cons?
The sooner you decide, the better.

Hmm.... It's worth a try. Thanks for the advice.

Also, I would advise that you talk to someone
who works at each company. You should ask
them about their experiences. If it were up to
me, I would choose the highest salary.

I will give that a try, as well. Thanks a lot.

stressed out 스트레스로 지친   make up one's mind 결정하다   make a list
of ~ ~의 목록을 만들다 (자연스럽게 '~을/를 나열하다'로 해석)   pros and cons 장단점

저기, 너 스트레스로 지쳐 보여.
조언을 좀 줄까?

좋아. 모든 조언은 환영이야.
어떤 직장을 택해야 할지 결정을 못하겠어.

모든 장단점을
나열해 봤어?
결정을 빨리 하면 할수록 좋지.

흠…. 해 볼 만하겠네. 조언 고마워.

또, 각 회사에서 일하는 사람들이랑
이야기를 나눠 보는 것도 추천해.
그 사람들의 경험에 대해 물어봐.
나라면, 가장 높은 급여를 선택할 거야.

그렇게도 한번 해 볼게. 정말 고마워.

accept 받아들이다, 수락하다 (문맥상 'which job to accept'는 '어떤 직장을 받아들일지 → 어떤 직장을 택해야 할지'로 해석)   salary 급여

Lesson 03
Giving recommendations

추천해 주기

Warm Up
└ 팩트 체크

Level Up
└ 원어민 게이지

Boost Up
└ 대화 마스터

Warm Up » 팩트 체크

⚠ 'recommend/suggest/advise'의 차이는?

- recommend → 어떤 것이 좋을 수도 있다고 생각해 상대에게 '추천'

  e.g. I recommend the seafood pasta. It's very delicious.
  해물 파스타를 추천해. 아주 맛있어.

  I recommend you walk there since it's nearby.
  가까우니까 걸어가는 것을 추천해.

- suggest → 상대가 고려해야 한다고 생각하는 아이디어/계획/가능성 등을 '제안'

  e.g. He made a suggestion that we watch this action movie.
  그가 이 액션 영화를 보자고 제안했어.

  I suggest that we cook dinner instead of eating out.
  외식 대신 저녁을 요리하는 게 좋겠어.

- advise → 상대에게 의견을 제시하고, 문제 해결에 도움을 주는 '조언'

  e.g. You look stressed out. Can I give you some advice?
  스트레스로 지쳐 보여. 조언을 좀 해도 될까?

  My teacher advised me to apply to multiple universities.
  선생님이 제게 여러 대학에 지원하라고 조언해 주셨어요.

⚠ 추천(제안 또는 조언)을 유연하게 하는 방법, 'would'!

추천 등을 부드럽게 하고 싶다면 'would'를 씁니다. 'If I were to make a recommendation/suggestion, it would be ~. / If I were to give advice, it would be ~. (제가 추천/제안/조언을 한다면, ~하는 게 좋겠어요.)'라고 말하는 식으로 가정하는 거예요. 'If I were to recommend/suggest A, it would be ~. (제가 A를 추천/제안한다면, ~이/가 될 거예요.)'도 같은 표현이에요. 'I would advise/suggest/recommend ~. (~하는 게 좋겠어요.)'를 활용해 보세요.

원어민 게이지 ··· **50%**

I (would) recommend this. 전 이걸 추천하고 싶어요.

I (would) suggest (that) you take an umbrella.

우산을 챙기시는 게 좋겠어요.

> 'would ~ (~하고 싶어요. / ~하겠어요.)'를 써서 에둘러 표현할 수 있어요.

take an umbrella 우산을 챙기다

원어민 게이지 ··· **80%**

In my experience, waiting a day works well.

제 경험상, 하루를 기다리는 것은 효과가 있어요.

You could try using your left hand.

왼손을 한번 사용해 보세요.

> 위 표현은 굉장히 가볍게 추천할 때 쓰기 좋아요. 'try' 대신 바로 동사 원형을 써도 무방합니다.
>
> **e.g.** You could buy one in each color.
> 색상별로 하나씩 구매하실 수 있어요. (하셔도 좋아요.)

It's (usually) a good idea to do it first.

먼저 하는 건 (대개) 좋은 생각이에요.

'usually (대개)'는 'generally (일반적으로)/often (자주)/always (항상)' 등으로
바꿔 쓸 수 있어요.

work well 효과가 좋다, 기능이나 작동이 잘 된다   first 먼저, 처음

원어민 게이지 ··· 100%　　　　　　　　119 ◀))

I can't recommend that store enough.

그 가게를 완전 추천해요.

위 표현에서 'enough (충분히)'는 'fully (완전히)'와 비슷한 의미라고 이해하면 쉬워
요. 100% 추천하는 거예요.

In this kind of situation, I would recommend ordering extra.

이런 상황에서는, 추가 주문하는 걸 추천해요.

I found that this works well (for me).

(저한테) 이게 효과가 좋다는 걸 알았어요.

My (personal) recommendation would be to go to the beach in the evening.

제 (개인적인) 추천은 저녁에 해변에 가는 거예요.

I found that ~. ~(이)라는 것을 알았어요.   go to the beach 해변에 가다

Boost Up » 대화 마스터

120

You're packing your bags?
You must be excited for your trip!
I would recommend that you take plenty of clothes.

You're right. It's usually a good idea
to overpack rather than underpack.

It's your first time going to San Francisco, right?
In my experience, I needed a jacket
even though it was summer.

Yeah. I suppose I could pack more sweaters, too.

Oh! And I can't recommend the Fisherman's
Wharf enough. My personal recommendation
would be to go for lunch.
I found that it wasn't crowded at that time.

Thanks for all your recommendations!

pack one's bag 짐을 싸다　　be excited for ~ ~해서 신나다, 들떠 있다
plenty of 많은　　underpack 너무 적게 싸다　　crowded 붐비는, 복잡한

짐 싸고 있어?
여행 가서 신나겠다!
옷을 많이 싸 갖고 가길 추천해.

네 말이 맞아. 보통 (옷을) 너무 적게 싸는 것보단
차라리 많은 게 낫더라고.

San Francisco에 처음 가 보는 거 맞지?
내 경험상 여름인데도
재킷이 필요했어.

응. 스웨터도 더 챙길 수 있을 것 같아.

아! 그리고 Fisherman's Wharf는
완전 추천해. 개인적으로는
점심을 먹으러 (그곳에) 가는 걸 추천해.
그땐 붐비지 않는다는 걸 알게 되었거든.

추천 고마워!

My personal recommendation would be to ~. 내 개인적인 추천은 ~하는 거야.
(위에서 문맥상 '개인적으로는 ~하는 걸 추천해.'라고 자연스럽게 해석)

Lesson 04

Liking

호감 (표현하기)

 Warm Up
└ 팩트 체크

» Level Up
└ 원어민 게이지

» Boost Up
└ 대화 마스터

! 'like (좋아하다)'와 'enjoy (즐기다)'의 차이는?

- like → 주로 어떤 것이 마음에 드는지에 관한 기호를 나타낼 때나 또는 그밖에 호의적인 표현에 포괄적으로 사용할 수 있어요.

  e.g. I like to read comic books.

  전 만화책 읽는 걸 좋아해요.

  'like (흘이히디)' 뒤에는 명시, 부정사(ⅿ 동사), 또는 동병사(동사-ing)가 나옵니다.

- enjoy → 주로 어떤 경험에 대한 만족을 표현하는 데 써요.

  e.g. Did you enjoy the book?

  그 책 재미있었어요?

  'enjoy (즐기다)' 뒤에는 명사 또는 동명사(동사-ing)가 나오고, 'enjoy (즐기다)'를 활용한 일반적인 표현으로는 'enjoy oneself (즐거운 시간을 보내다)'와 'enjoy good health (건강을 누리다)'가 있습니다.

  e.g. You look like you're enjoying yourself.

  즐거운 시간을 보내고 있는 것 같네요.

  My mother enjoys good health.

  어머니는 건강하셔요.

! '좋아요!'를 제스처로? 엄지 척!

미국에서는 '좋다'고 표현하는 손짓으로 엄지 손가락을 치켜 세울 수 있습니다(thumbs up). 소셜 미디어(Social media)에서 '좋아요'를 나타내는 이모티콘도 같은 모양이죠? '그럭저럭 괜찮다'고 할 때는 손바닥을 아래로 향하게 펴고 좌우를 번갈아 기울여 줘요. 만약 너무 싫을 때는 엄지를 아래로 내릴 수 있지만(thumbs down) 아주 가까운 사람들한테만 사용할 수 있습니다.

원어민 게이지 ··· 50%   121

I like/love to swim. 전 수영하는 걸 좋아해요.

위 표현은 'I like/love swimming. (전 수영하는 걸 좋아해요.)'이라고 'like/love' 뒤
에 동명사(동사-ing)를 써서 말할 수도 있어요.

swim 수영하다

원어민 게이지 ··· 80%   122

I enjoy playing video games.

전 비디오 게임을 즐겨 해요.

I'm a fan of action movies. 전 액션영화 팬이죠.

I'm passionate about helping others.

전 남을 돕는 일에 열정적이에요.

'I'm a fan of 명사/동사-ing. (~의 팬이에요.)'와 'I'm passionate about 명사/동
사-ing. (~에 열정적이에요.)' 역시 좋아하는 것을 표현할 때 쓸 수 있습니다. 참고로
'I'm a fan of ~. (~의 팬이에요.)'는 강조하기 위해 'fan' 앞에 'big/huge (엄청난)'
등을 덧붙여 말할 수 있어요.
e.g. I'm a huge fan of yours. 전 당신의 엄청난 팬이에요.

action movie 액션영화

|||||||||||||||||||||||||||||||||||||||||||||||||||||||||||||||||||||||

I am big on that singer.

전 그 가수를 정말 좋아해요.

My nephew is into trains.

제 조카는 기차에 푹 빠졌어요.

> 'be into ~ (~에 관심이 많다, 푹 빠지다)'는 대상이 사람일 경우, 이성으로서 관심을
> 가지고 있다는 의미로도 쓸 수 있어요.

I love dancing with all my heart and soul.

저는 온 마음을 다해 (진심으로) 춤 추는 걸 좋아해요.

> 'with all one's heart and soul (온 마음을 다해)'은 'from the bottom of
> one's heart (진심으로)'와 동일한 표현입니다.
> **e.g.** I love dancing from the bottom of my heart.
> 전 진심으로 춤추는 걸 좋아해요.

I am crazy about running.

전 달리기에 미쳐 있어요. (푹 빠졌어요.)

> 위 표현에서 'about' 대신 'for'를 써서 '~에게 푹 빠지다'라는 의미로 말할 수도 있어요.
> **e.g.** We are crazy for each other.
> 우린 서로에게 푹 빠졌어요.

be big on ~ ~을/를 대단히 좋아하다, 열광하다   be into ~ ~에 푹 빠지다
be crazy about ~ ~에 미치다, 열중하다   be crazy for ~ ~(사람)에 푹 빠지다

Boost Up » 대화 마스터

124

It looks like you are enjoying that TV show.

Yeah! I'm crazy about it now.
I'm a huge fan of the leading actress.

Same. I really like watching
anything she's in.

Actually, I am so big on her movies and TV shows
that I signed up for her fan meeting
coming up next month.

Wow! You are really into her. That's cool.
It's good to be passionate about something.

Since you are a fan of hers too,
you could come with me if you want.
I have an extra ticket.

look like ~ ~처럼 보이다   enjoy 즐기다, 즐거워하다   leading 주연의, 주역의
be so A that ~ 너무 A해서 ~하다 (A는 형용사 또는 부사)

너 그 TV쇼 즐겨 보는 것 같던데.

맞아! 지금 그거에 푹 빠져 있어.
주연 여배우의 열렬한 팬이거든.

나도. 그녀가 나오는 건 어떤 것이든
보는 게 정말 좋아.

사실, 난 그녀의 영화와 TV쇼에
너무 관심이 많아서 다음 달에 있을
팬미팅도 신청했어.

와! 너는 (그녀를) 진짜 많이 좋아하는구나. 멋지다.
무언가에 열정적인 것은 좋은 거야.

너도 팬이니까
원한다면 나와 함께 가도 좋아.
내게 여분의 표가 있거든.

sign up for ~ ~을/를 신청 · 등록 · 가입하다   come up 다가오다
That's cool. 멋지다. (구어체로 일상생활에서 '멋지다.'라는 의미로 많이 쓰임)

Lesson 05
Disliking

비호감 (표현하기)

Warm Up
└ 팩트 체크

Level Up
└ 원어민 게이지

Boost Up
└ 대화 마스터

ⓘ '내 스타일 아니야.' 할 때, 'style' 아니에요!

자신의 취향을 이야기할 때 한국에서는 '스타일'이라고 하지만, 올바른 영어 표현은 아닙니다. 대신 미국에서 별로 좋아하지 않는 것에 대해 말하거나 딱히 원하지 않는 일에 대한 거절을 표현할 때 다음과 같이 말할 수 있어요.

e.g. This/That/It is not for me. 저는 됐어요. (괜찮습니다. / 별로예요.)
It's not my thing. 제 취향은 아니에요.

ⓘ 마음에 들지 않는 것을 부드럽게 표현하려면, 'not'을 붙여요!

마음에 들지 않는 것을 예의 바르고 요령 있게 말하고 싶다면 긍정적인 표현에 'not'을 붙여 말해 보세요. 앞 레슨에서 배운 호감을 나타내는 표현들을 활용하여 말해 볼까요?

e.g. I don't like to read.
전 읽는 걸(독서를) 좋아하지 않아요.
I don't enjoy playing video games.
전 비디오 게임을 즐겨 하진 않아요.
I'm not a fan of action movies.
전 액션영화 팬은 아니에요.
I'm not into trains.
전 기차에 빠져 있진 않아요.

훨씬 부드럽게 의사를 전달할 수 있다는 게 느껴지시나요? 반대로, 'hate (싫어하다)/despise (경멸하다)/loathe (혐오하다)/detest (몹시 싫어하다)' 등과 같이 강하고 직접적으로 부정적인 의미를 내비치는 단어들을 사용하는 것은 여러분의 의도와는 다르게 상대방의 감정을 상하게 할 수도 있기 때문에 주의하기 바랍니다. 누구든 취향을 존중받을 권리는 있는 거니까요.

원어민 게이지 ··· 50%

125

I don't like to travel internationally.

전 해외 여행을 좋아하지 않아요.

Do you dislike peanuts?

땅콩을 싫어하세요?

> 위 표현들은 반감을 나타내는 가장 기본적인 표현들이에요. 주의할 점은 'dislike (싫어하다)'는 'like (좋아하다)'와 달리 부정사(to 동사)와 함께 쓸 수 없어요. 대신 동명사(동사-ing)를 씁니다.
> 또한, 'dislike (싫어하다)'는 어감이 'not like (좋아하지 않다)'에 비해 직설적일 뿐 아니라 다소 격식적이기 때문에, 'not like (좋아하지 않다)'를 일반적으로 더 자주 씁니다.

to travel internationally 국제적으로 여행하는 것 → 해외 여행(하는 것)

원어민 게이지 ··· 80%

126

I hate/loathe waiting in long lines.

전 긴 줄을 서서 기다리는 게 싫어요.

> 'hate (싫어하다)'는 'not like (좋아하지 않다)'보다 강하게 반감을 표출하는 단어이며, 문맥에 따라 '질색하다/미워하다/증오하다'라고 해석해요.
> 'loathe (혐오하다)'는 'hate (싫어하다)'보다 훨씬 뜻이 강하지만, 크게 중요하지 않은 일에 대해 '정말 싫어하다' 정도로 해석하기도 해요.

I am not a fan of playing sports.

전 운동하는 걸 좋아하는 사람은 아니에요.

loathe 매우(정말) 싫어하다   wait in line 줄을 서서 기다리다

원어민 게이지 … 100%   127 ◀)) ▭

I can't stand cilantro.

전 고수는 못 참겠어요.

> 위 표현에서 동사 'stand (참다, 견디다)'는 특히 부정문에서 'can't stand (참을 수 없다, 견딜 수 없다)'로 싫어하는 것을 강조하는 데 자주 씁니다.

I am not big on her.

난 그녀한테 별로 관심이 없어요.

I detest wasting time.

전 시간 낭비를 싫어해요.

I despise my neighbor. 전 이웃을 경멸해요.

> 'detest (싫어하다, 혐오하다)'와 'despise (경멸하다)'는 반감을 강하게 표현하는 굉장히 직설적인 동사들이에요.

I can't stand ~. ~을/를 못 참겠어요.   cilantro 고수   I'm not big on ~. ~에 별로 관심이 없다   detest 싫어하다, 혐오하다   waste time 시간 낭비하다   despise 경멸하다   neighbor 이웃

Boost Up » 대화 마스터

128 🔊

Are you stretching?
I thought you loathe exercising.

It's true that I despise most types of exercise.
I'm just not big on sweating and getting tired.

So why are you stretching right now
if you can't stand it?

Since I'm not a fan of sweating,
my doctor recommended some easy exercises
like stretching and walking.

Wow. How's it going? Do you hate it?

I thought I would dislike it,
but it's not so bad so far.

stretch (팔다리의 근육을) 당기다   sweat 땀을 흘리다
get tired 피곤하다, 지치다   so far 지금까지

스트레칭하고 있어?
난 네가 운동을 싫어하는 줄 알았는데.

대부분의 운동을 싫어하는 건 사실이야.
땀 흘리고 피곤해지는 걸 별로 좋아하지 않거든.

그걸 참을 수 없는데
왜 지금 스트레칭을 하고 있는 거야?

내가 땀 흘리는 걸 좋아하지 않아서,
의사 선생님께서 스트레칭이나 걷기 같은
쉬운 운동을 추천해 주셨어.

와. (해 보니까) 어때? (지금도) 싫어?

싫을 줄 알았는데,
아직까진 나쁘지 않네.

Lesson 06
Showing interest

관심 보이기

Warm Up
ㄴ 팩트 체크

≫

Level Up
ㄴ 원어민 게이지

≫

Boost Up
ㄴ 대화 마스터

⚠ 흥미를 느끼면 'interested', 흥미를 자극하면 'interesting'!

- interested → 무언가에 대해 더 배우고 싶어 한다는 것을 의미하며, 어떤 주제에 대한 느낌을 묘사하는 데 씁니다.
  'be/feel interested <u>in</u> ~ (~에 관심이 있다)'과 'be/feel interested <u>about</u> ~ (~에 흥미를 느끼다)'이 가장 일반적이면서 자주 사용돼요. 'be/feel interested <u>by</u>'는 '~에 관심이 끌리다'라는 미묘한 의미를 담고 있는데, 위 표현들보다는 덜 일반적이에요.

  e.g. She is interested in biology.
  그녀는 생물학에 관심이 있어요.
  I felt interested by the way he spoke.
  난 그의 말투에 흥미를 느꼈어.

- interesting → (누군가에게) 흥미 있는 사물이나 사람을 말합니다.

  e.g. What an interesting story! 정말 재미있는 이야기군요!
  'be/feel bored by (~에 지루하다)'와 'boring (재미없는)'도 마찬가지입니다.

  e.g. I feel bored. 심심해요.
  That's a boring game. 그것은 재미없는 게임이야.

⚠ '잘 듣고 있어요.'를 의미하는 표현들!

미국에서는 누군가 놀랍거나 재미있는 이야기를 하고 있을 때 듣는 사람이 다양한 반응을 보여 주는데, 이는 이야기를 잘 듣고 있고 관심을 가지고 있다는 의미입니다. 상대의 말에 반응해 주고 싶지만 무슨 말을 해야 할지 잘 모르겠다면 다음과 같이 반응해 보세요.

e.g. Wow! 와! / Really? 정말요? / That's crazy! 정말? (대박이다!) / No way! 정말 말도 안 돼요!

원어민 게이지 ··· 50% 129 🔊

||||||||||||||||||||||||||||||

(That's) Interesting. 흥미롭군요.

Really? 정말요?

위 표현들은 상내의 이야기에 관심을 보이는 가장 기본적인 표현들입니다. 마땅히 다른 해 줄 말이 생각나지 않을 때 위 표현들을 유용하게 써 보아요.

interesting 흥미로운   really (관심 · 놀람을 나타내어) 정말

원어민 게이지 ··· 80% 130 🔊

|||||||||||||||||||||||||||||||||||||||

No way! 말도 안 돼요!

You're joking! / You're joking, right?

농담이죠! / 농담이죠?

It's <u>exciting</u>! 신나네요!

↳ amazing (대단한)/incredible (믿을 수 없는)/fantastic (근사한) 등

위 표현은 'That's exciting!'과도 같아요. 모두 이야기에 흥미를 가지고 반응을 보일 때 쓸 수 있어요.

Are you interested in economics?

경제학에 관심 있어요?

위 문장에서 쓴 'be interested in A (A에 관심이 있다)'에서 A가 사람이면, '(이성적으로) A에게 호감을 가지고 있다'라고 해석해요.

economics 경제학

원어민 게이지 ⋯ 100%

131 ◀))

| | | | | | | | | | | | | | | | | | | | | | | | | | | | | | | | | | | | | | | | | | | | | | | |

I'm keen on learning more. 전 더 알고 싶어요.

위 표현에서 활용한 'be keen on A (A에 관심이 아주 많다)' 역시 A가 사람이면 A에게 이성적인 관심이 있다는 것을 의미합니다.

You've got my interest. / You have my interest.

관심 있어요. (듣고 있어요.)

How intriguing! 굉장히 흥미롭네요!

↳ fascinating (매력적인) / interesting (흥미로운) 등

위 표현들은 주로 상대방의 이야기를 경청하고 있을 때, 그러한 관심을 나타내기 위해 쓸 수 있어요. 가만히 듣기만 하기보다는 적당한 호응을 중간중간 보여 주는 것이 말하는 사람에 대한 매너라고도 할 수 있을 것 같아요.

I'm fascinated by this artist's work.

전 이 화가의 작품에 매료되었어요.

get/have one's interest 관심이 있다   be fascinated by ~ ~에 매료되다

Boost Up » 대화 마스터

132 🔊

Something piqued my interest the other day.
Do you want to hear about it?

Really? You've got my interest.

Well, you know how I'm fascinated by
animals. I learned that there's a jellyfish
that's immortal!

No way! You're kidding!
I didn't know that. How fascinating!

It's amazing, isn't it?

For sure. I'm keen on learning more about
jellyfish now!

pique one's interest ~의 관심을 갖게 하다, ~의 흥미를 끌다   the other day
일전에, 며칠 전에   jellyfish 해파리   immortal 불멸의, 죽지 않는

236

일전에 뭔가 제 흥미를 끌었는데요.
(그것에 대해) 듣고 싶으세요?

정말요? 듣고 싶어요.

그게, 제가 동물에 얼마나 매료되는지
알잖아요. 불멸의 해파리가
있다는 걸 배웠어요!

말도 안 돼요! 농담하는 거죠!
전 몰랐어요. 정말 흥미롭네요!

놀랍지 않아요?

정말(놀라워)요. 전 이제 해파리에 대해
더 많이 알고 싶어요!

You're kidding! 농담이죠! (You're joking!)   for sure 확실히, 영락없이, 정말

237

Lesson 07
Showing disinterest

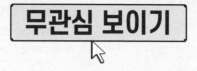
무관심 보이기

Warm Up
 ↳ 팩트 체크

»

Level Up
 ↳ 원어민 게이지

»

Boost Up
 ↳ 대화 마스터

Warm Up » 팩트 체크

⚠️ **'disinterested (객관적인)' VS 'uninterested (무관심한)'**

- disinterested → '사심이 없는, 객관적인'이라는 의미예요. 어떤 것에도 아무런 영향을 받지 않는 상태를 나타내기 때문에, 주로 비즈니스와 법률적 맥락에서 많이 사용해요.

   e.g. The judge should be impartial and disinterested to be fair.
   판사는 공정하기 위해 한쪽으로 치우치지 않으며 객관적이어야 합니다.

- uninterested → '흥미 없는, 무관심한'이라는 의미예요.

   e.g. I'm uninterested in learning how to play an instrument.
   전 악기를 배우는 데 관심이 없어요.

원어민들은 종종 무관심을 의미할 때 'disinterested'를 사용하기도 하지만, 이 두 단어가 다른 의미로 쓰인다는 것을 알아 두는 것이 좋아요.

⚠️ **정말 관심이 1도 없을 때, 'I couldn't care less! '**

미국에서는 '전혀 신경 안 써요.'라는 의미로 전혀 관심이 없을 때 'I couldn't care less.'라는 표현을 사용합니다. 그러나 아주 흔하게 많은 사람들이 'I could care less.'라고 잘못 말하는데요. 직역하면 '신경을 덜 쓸 수 있어요.'가 되지만, 이 말을 할 때 실제 의미와 다르게 전혀 관심이 없다는 것을 의미하는 경우인지 맥락에 따라 판단할 수 있습니다. 'I couldn't care less. (전혀 신경 안 써요.)'가 맞는 표현이라는 점, 기억하고 잘 활용해 보아요.

원어민 게이지 ··· 50%

133 ◀))

That's/It's boring. 지루해요.

I'm bored of this movie. 전 이 영화가 지루해요.

'That's/It's boring. (지루해요.)'은 어떤 대상(주어)이 갖는 '성격이나 성질'을 말할 때 쓰는 표현이고, 'I'm bored. (심심해요.)'는 말하는 사람(주어)이 '느끼는 상태(감정이나 기분)'에 초점을 맞춘 거예요. 'I'm bored of ~. (~이/가 지루해요.)'와 같이 'of' 뒤에 무엇 때문에 지루한지 그 이유를 나타낼 수 있어요.

be bored of ~ ~에 지루함을 느끼다

원어민 게이지 ··· 80%

134 ◀))

And? / So what? / So? 그래서?

위 표현들은 무관심한 어조로 느껴져 듣기에 상당히 무례하기 때문에, 정말 가까운 사람들하고만 사용해야 해요. 또한, 아주 가까운 사이일지라도 불쾌감을 줄 수 있다는 점을 명심하세요.

I don't care.

관심 없어요. (신경 안 써요.)

I'm not interested in her life.

전 그녀의 인생엔 관심 없어요.

위 표현들은 'care (신경 쓰다)'와 'be interested in A (A에 관심이 있다)'에 'not'
을 사용해 덜 직설적으로 무관심을 표현하고 있어요.

I'm not interested (in A). (A에) 관심 없어요.

원어민 게이지 … 100%

135

I'm not keen on going out.

전 외출을 별로 좋아하지 않아요.

위 표현은 문맥에 따라 '지금(은) 외출을 별로 하고 싶지 않아요.'라는 의미로 쓸 수도
있습니다.

How dull! 정말 지루해!
   ↳ boring (지루한) / uninteresting (재미없는) 등

I couldn't care less. 전혀 신경 안 써요.

I'm uninterested in what people have to say.

전 사람들이 하는 말에 관심 없어요.

위 표현에서 'be uninterested in 명사(사람 또는 사물)/동사-ing'는 '~에 관심이
없다'라는 의미예요.

I couldn't care less. 전혀 신경 안 써요. (관심 없어요.)   I could care less. 신경을 덜
쓸 수 있어요. (맥락에 따라 '신경 안 써요.'라는 의미)

Boost Up » 대화 마스터

136

How boring! The news is only talking about that pop singer who got remarried.

Ugh.
I couldn't care less about her personal life.
I don't get why other people are so interested.

I know. It's like, 'So what?'
Who cares? I'm not interested in knowing every little thing about some singer.

Same. I don't care. I'm bored of this news channel. Let's watch something else.

You're right. It's boring. I'll change it.

Good riddance.

How A(형용사)! 진짜/정말 A해!   get remarried 재혼하다 (재혼하는 행위/동작에 초점)   personal 사적인, 개인적인   channel 채널, 경로

정말 지루해! 뉴스는
재혼한 그 팝 가수에 대해서만 얘기하고 있어.

윽.
난 그녀의 사생활에 대해 전혀 관심 없는데.
다른 사람들은 왜 그렇게 관심을 보이는지 모르겠어.

내 말이. '그래서? (어쩌라고?)'와 같은 거지.
알 게 뭐야? 난 어떤 가수에 대해
시시콜콜 아는 덴 관심 없단 말이지.

나도 그래. 관심 없어.
이 뉴스 채널은 지겹다. 다른 거 보자.

맞아. 지루해. (채널) 돌릴게.

속이 다 시원하네.

Good riddance. (~이/가 없어져서, ~을/를 안 보게 되어) 속이 다 시원하네.

퀴즈 플레이

❶ What did you _____ of the movie?

그 영화 어땠어?

❷ I would _____ that you talk to someone at each company. You _____ ask them about their experiences.

각 회사에서 일하는 사람들이랑 이야기를 나눠 보는 걸 추천해.
그 사람들의 경험에 대해 물어봐.

❸ My _____ recommendation would be to go for lunch.
I _____ that it wasn't crowded at that time.

개인적으로는 점심을 먹으러 (그곳에) 가는 걸 추천해.
그땐 붐비지 않는다는 걸 알게 되었거든.

❹ It looks like you are _____ that TV show.

너는 그 TV쇼를 즐기는 것 같구나.

❺ You are really _____ her.

너는 (그녀를) 진짜 많이 좋아하는구나.

....

1. think　　**2.** advise, should / ought to / had better
3. personal, found　　**4.** enjoying　　**5.** into

6 So why are you stretching right now if you can't _____ it?

그럼 그걸 참을 수 없는데 왜 지금 스트레칭을 하고 있는 거야?

7 Something _____ my interest the other day.

일전에 뭔가 제 흥미를 끌었는데요.

8 I'm _____ on learning more about jellyfish now.

전 이제 해파리에 대해 더 많이 알고 싶어요.

9 I couldn't _____ less about her personal life.

난 그녀의 사생활에 대해 전혀 관심 없어.

10 It's _____.

지루해.

---

6. stand   **7.** piqued   **8.** keen

9. care   **10.** boring

CHAPTER 08

Getting
& Giving Help

도움 주고받기

Lesson 01
Getting & giving help

도움 주고받기

 Warm Up
└ 팩트 체크

≫

 Level Up
└ 원어민 게이지

≫

 Boost Up
└ 대화 마스터

(!) **'돕다'라는 의미가 동일한 'help'와 'help out'의 쓰임 차이는?**

- help → 가장 쉽고 유용하게 사용할 수 있는 단어입니다. 사람이나 사물이 도움이 될 수 있지요. 일반적인 상황에서 '돕다'라는 의미로 써요.

  e.g. This app helps me study.
  이 앱은 공부에 도움이 돼요.
  He helped her clean her room.
  그는 그녀가 방을 청소하는 것을 도와줬어요.

- help out → 좀 더 가볍게 들리며 주로 구어체로 씁니다. 또한, 도움을 제공하는 대상이 사람일 때만 쓰며, 처한 문제를 해결해 주는 뉘앙스로 쓰기도 합니다. 도움을 받는 대상은 'help'와 'out' 사이에 오거나 'help out' 뒤에 옵니다.

  e.g. I always help my little brother out.
  I always help out my little brother.
  저는 항상 남동생을 도와줘요.

(!) **'thank'를 쓰지 않고도 감사 인사하는 법? 'help' 활용하기!**

누군가에게 도와줘서 고맙다고 감사 인사를 할 때 쓸 수 있는 표현은 여러 가지가 있지요. 가장 쉬운 방법은 'Thanks. (고마워요.) / Thanks for your help. (도와줘서 고마워요.)'라고 말하는 것입니다. 하지만 'thank (감사하다)'를 쓰지 않고 감사를 표현하는 방법도 있습니다. 바로 'helpful(도움이 되는)/a big help (큰 도움)'이라는 어휘를 활용해, '정말 많은 도움이 되었어요.'라고 감사의 말을 대신하는 것이지요.

e.g. You have been so helpful.
정말 도움이 많이 됐어요.
You have been such a big help.
정말 큰 도움이 되었습니다.

원어민 게이지 ··· 50%

137

Do you need help (with) moving the furniture?

가구 옮기는 것 좀 도와 드릴까요?

Can I help you (with this)?

(이거) 도와줄까요?

> 위 표현들은 상대방에게 먼저 도움을 필요로 하는지 물어볼 때 쓰기 좋아요. 반대로 누군가에게 도움을 요청할 때 쓸 수 있는 가장 기본적인 표현으로는 'Can you help me (with 동사-ing)? (저 (~하는 것) 좀 도와주실 수 있나요?)'가 있어요.

Do you need help (with 동사-ing)? (~하는 것) 도와 드릴까요?

원어민 게이지 ··· 80%

138

Let me help you get up.

일어서는 것 좀 도와 드릴게요. (제가 일으켜 드릴게요.)

> 'Let me help you A. (A하는 것 좀 도와줄게요.)'에서 A는 to부정사(to 동사)를 써서 나타낼 수 있지만, 주로 동사 원형을 써요. 그리고 'Let me help you with A. (A를 도와줄게요.)'처럼 전치사 'with' 뒤의 A는 명사를 쓰거나 동명사(동사-ing)를 써요.

Can I help you out? 제가 도와 드릴까요?

Can you help me out? 저를 좀 도와주실 수 있나요?

Can I get your help (with) making dinner?

저녁 식사 준비하는 것 좀 도와주시겠어요?

help A out A를 도와주다 (help out A)　　Can I get your help (with) A? A하는 것 좀
도움을 받을 수 있나요? → 도와줄 수 있나요? (A는 동사-ing)

원어민 게이지 … 100%　　　　　　　　139 ◀)

Could you lend me a hand?

저 좀 도와주실 수 있을까요?

I can lend you a hand.

제가 도와 드릴 수 있어요.

> 위 표현들에서 'lend A a (helping) hand (A를 도와주다)'는 평소 누군가에게 도움
> 을 요청하거나 또는 도움이 필요한지 물어볼 때 'helping'을 생략하고 자주 씁니다.

Do/Would you mind helping me?

저 좀 도와주실 수 있을까요?

If I can do anything, let me know.

제가 할 수 있는 게 있다면 알려 주세요. (도울게요.)

Let me know if I can be of any help.

도움이 필요하면 말씀하세요.

Do/Would you mind 동사-ing? ~해도 괜찮겠어요/상관없어요? → ~해 (주셔)도 될까요?
be of help 도움이 되다

Boost Up » 대화 마스터

Do you need help with that?
The box is a little large to carry by yourself.

Yeah, could you lend me a hand with it?
That would be really helpful.

Sure. I'm happy to lend you a hand.
If I can do anything else, let me know.

In that case, would you mind helping me
clean up a bit? My landlord told me I have to
clean the place for the new tenant.

Of course not. I don't mind helping you.
That's what friends are for.

Thanks. You are such a big help.
I'll buy us a pizza when we finish.

by oneself 혼자서   landlord 주인, 임대주   tenant 세입자, 임차인

Of course not. 물론 아니지. ('Would you mind ~? (~해도 괜찮아/상관없어?)'에 대한

252

그것 좀 도와줄까?
상자가 혼자 들기에 좀 크네.

응, 이것 좀 도와줄 수 있어?
정말 도움이 될 것 같아.

물론. 도와줄 수 있으니 좋네.
내가 할 수 있는 게 더 있다면 알려 줘.

그럼 청소 도와주는 것도 상관없어?
신규 세입자 맞이를 위해 청소를 해야 한다고
집주인이 말하더라고.

상관없어. 기꺼이 도울게.
친구 좋다는 게 이런 거지.

고마워. 정말 큰 힘이 된다.
다 끝나고 피자 살게.

답변으로 '괜찮아/상관없어.'라는 의미로 해석)   I don't mind 동사-ing.
나는 ~하는 걸 꺼리지 않아. (문맥상 '기꺼이 ~할게.'라고 해석)

Lesson 02
Denying help

도움 거절하기

Warm Up
└ 팩트 체크

Level Up
└ 원어민 게이지

Boost Up
└ 대화 마스터

(!) 거절할 때 'deny help'와 'refuse to help' 의미 차이는?

- deny help → 도움받기를 거절하다
'deny'는 '거부 · 거절하다, 허락하지 않다'라는 뜻의 동사이며 'help'는 '도움'이라는 뜻의 명사입니다. 여기서 'help' 대신에 'support (지원), aid/assistance (원조)'를 써서 표현할 수도 있습니다.

e.g. Don't deny my help. 제 도움을 거절하지 마세요.

- refuse to help → 도움 주기를 거절하다
'refuse' 역시 '거부 · 거절하다'라는 뜻의 동사이며 이 뒤에 부정사(to 동사)가 쓰인 표현입니다. 마찬가지로 'help' 대신에 동사로도 쓰이는 'support, aid/assistance'를 써서 표현할 수 있습니다.

e.g. Are you refusing to help? 도와주기를 거부하는 건가요?

(!) 거절에도 방법이 있다!

도움을 받거나 도움 주기를 거절해야 하는 상황이 거듭 반복될 때에는 이유를 밝히는 것이 좋아요. 만약 여러분이 다른 사람의 도움 없이 혼자 하고 싶다면 다음과 같이 말해 보세요.

e.g. I prefer/like to do it on my own.
저는 혼자 하는 것을 선호해요.
I'm trying to be more independent.
전 좀 더 독립적이 되기 위해 노력 중이에요.

만약 여러분이 상대방을 도울 수 없거나 돕고 싶지 않다면 이렇게 말해 보세요

e.g. Sorry, but I don't know how.
죄송하지만, 어떻게 하는지 모르겠어요.
Sorry, but I'm busy at the moment. 미안해요. 지금은 바빠요.

원어민 게이지 … 50%

141

(I'm) Sorry, but I can't help you with your homework.

미안하지만, 네 숙제를 도와줄 수 없어.

I'm alright/okay, thanks. 괜찮아, 고마워.

> 위 표현 'I'm alright/okay, thanks.'는 도움받길 거절하는 것으로, 'That's alright/okay, thanks. (괜찮아, 고마워.)'라고 말할 수도 있어요.

(I'm) Sorry, but I can't ~. 미안하지만, 난 ~할 수 없어.

원어민 게이지 … 80%

142

I'm alright/okay for now. 지금은 괜찮아요.

> 위 표현은 당장은 필요하지 않은 도움을 거절하는 말로, 'I'm alright/okay at the moment. (지금은 괜찮아요.)'와 같은 표현입니다.

I'm afraid I can't write your report for you.

미안하지만 보고서를 대신 쓸 수 없습니다.

> 'I'm afraid I can't ~. (미안하지만 ~할 수 없습니다.)'는 '(I'm) Sorry, but I can't ~. (미안하지만 ~할 수 없어요.)'보다 더 격식을 차리는 상황에 어울리는 표현입니다.

Unfortunately, I can't help you right now.

유감스럽게도, 지금 당장은 도와 드릴 수 없어요.

> 'I can't ~. (~할 수 없어요.)'는 'I'm unable to ~.'와 동일한 의미를 나타내지만, 좀 더 일상적인 표현입니다.

right now 지금 당장   be unable to ~ ~할 수 없다, ~하지 못하다

원어민 게이지 … 100%

 143 ◀))

I've got it, thanks. / I'm all set, thanks.

제가 할게요, 고마워요. / 다 됐어요, 고마워요.

> 'I've got it, thanks. (제가 할게요, 고마워요.)'는 실제로 일상생활에서 도움받기를 거절할 때 가장 많이 쓰는 표현 중 하나예요.

I'll let you know if I need (any) help.

도움이 필요하면 말씀드릴게요.

I prefer/like to do it on my own.

전 혼자 하는 게 더 좋아요.

I wish I could help, but I'm busy right now.

도와 드리고 싶지만, 지금은 바빠서요. (도와 드릴 수 없어요.)

I wish I could help, but ~. (요청을 거절하며) 도와 드리고 싶지만, ~해서요.

Boost Up » 대화 마스터

144

I wish I could help you with that,
but I'm not good with computers.

Oh, I'm all set. Thanks. I prefer to do it
on my own, anyway. If there's something left
to do, you could order us some dinner first.

Sorry, but I can't use my phone right now.
The battery's dead.

I'm afraid I can't give you my phone to use.
I actually left it at home.

That's okay. I'm alright for now, anyway.
I'm not super hungry. Are you hungry now?

I'm okay at the moment.
Just call after your phone charges, then.

I'm not good with ~. 전 ~을/를 잘 못해요.   The battery's dead. 배터리가 나갔
어요.   leave 두고 오다 (과거형은 'left')   super 대단히, 굉장히

도와 드리고는 싶은데,
제가 컴퓨터를 잘 못해서요.

아, 다 됐어요. 고마워요.
어차피 전 혼자 하는 걸 더 좋아해요.
할 일이 남았다면, 일단 저녁 식사를 주문해 주셔도 돼요.

미안한데, 지금 제 전화기를 사용할 수가 없어서요.
배터리가 나갔어요.

미안하지만, 제 전화기는 사용하라고 드릴 수 없어요.
실은 집에 두고 왔거든요.

괜찮아요. 어차피 지금은 괜찮거든요.
배가 많이 고프진 않아요. 지금 배고프세요?

저도 지금은 괜찮아요.
그럼 전화기 충전하고 나서 전화해요.

charge 충전하다

Lesson 03
Consoling

위로하기

>>

>>

Warm Up
└ 팩트 체크

Level Up
└ 원어민 게이지

Boost Up
└ 대화 마스터

Warm Up » 팩트 체크

! '위로하다'라는 뜻의 'comfort/console/cheer up'!

- comfort → 말이나 행동을 통해 누군가의 감정적·육체적 고통 또는 불편함을 완화해 주는 걸 말해요. 예를 들어, 좋아하는 음식을 만들어 줌으로써 위안을 주고자 하는 경우이지요.

  e.g. The father comforted his crying baby by holding her and singing.

  아버지는 우는 아기를 안고 노래를 부르며 달랬다.

- console → 누군가 슬픔이나 실망 같은 감정적 고통을 느낄 때 위로하는 거예요. 예를 들어 사랑하는 사람을 잃어서 느끼는 슬픔이나, 대회나 경기에서 아쉽게 우승을 놓쳤을 때 느끼는 실망 등 말이죠. 참고로 우승을 놓친 2위에게 실망을 덜어 주기 위해 제공되는 것을 'consolation prize (위로금)'라고 해요.

- cheer up → 누군가를 격려해 더 힘을 내게 하는 거예요. 자주 쓰는 기본적인 표현이지만 'Cheer up! (힘 내! / 기운 내!)' 만한 것도 없죠. 더불어, 안 좋은 일이 있는 친구 곁에 있어 주는 것이 격려가 되듯, 격려는 말뿐 아니라 행동으로도 할 수 있겠죠?

! 슬픔을 위로하는 여러 가지 방법!

미국에서는 누군가 죽으면, 남은 직계 가족을 위해 주변 사람들은 음식을 만들어요. 가장 유명한 음식은 'Casserole (캐서롤)'인데, 베이킹 접시에 하는 요리로 재료가 다양한데다 냉장 보관했다가 먹을 때 재가열만 하면 돼서, 두고 꺼내 먹기 좋기 때문이에요. 가까운 사이일 경우에는 집안일이나 심부름을 대신해 주기도 해요. 남은 가족이 슬퍼하는 동안 그들의 삶을 더 편하게 해 주고자 하는 마음에서 비롯된 문화입니다.

원어민 게이지 … 50%

145 ◀))

I'm sorry to hear that you lost your job.

직장을 잃었다니 유감이에요.

I'm here for you in your time of need.

당신이 힘들 때 제가 당신 곁에 있잖아요.

> 위 표현은 가족 구성원의 사망, 주택 화재 등 개인적인 재난이 발생했을 때 주로 사용하는 표현이에요.

lose a job 일자리를 잃다   in one's time of need (~가 도움이) 필요할 때, 힘들 때

원어민 게이지 … 80%

146 ◀))

I'm sorry for your loss.

삼가 조의를 표합니다.

Please accept my (deepest) condolences/ sympathies.

깊은 애도를 표합니다.

> 위 표현들은 모두 누군가 세상을 떠난 상황에서 그 사람의 가족이나 친인척에게 건넬 수 있는 위로의 표현들입니다. 두번째 표현에서 'deepest'는 강조하는 의미로 사용했기 때문에 생략할 수 있습니다.

Things will get better. / Things will look up soon.

모든 것이 나아질 거예요. (다 잘될 거예요.)

loss (한 사람의) 죽음, 사망   condolence 애도, 조의   sympathy 동정, 연민   get better 나아지다   look up 나아지다

원어민 게이지 ··· 100% 147 🔊

I can only imagine how difficult it must be.

얼마나 힘들지 짐작만 할 (수 있을) 뿐이에요. (얼마나 힘들겠어요.)

That/This must be very difficult for you.

많이 힘드시겠어요.

Words cannot express how sorry I feel.

얼마나 애석한지 말로 (다) 표현할 수가 없네요.

Hang in there. 조금만 견디세요.

Time heals all wounds.

시간이 모든 걸 해결해 줄 거예요. (시간이 지나면 괜찮아질 거예요.)

> 위 표현들 중 어떤 말을 전하건 무엇보다 가장 중요한 것은 상대를 위하는 마음일 거예요. 진심을 다해 위로의 말을 건네 주세요.

imagine 상상하다 (문맥상 '짐작하다'라고 해석)   express 표현하다   hang in 버티다, 견디다   Time heals all wounds. 시간이 약이다. (대화에서는 '시간이 모든 걸 해결해 줄 거예요.'라고 자연스럽게 해석)

Boost Up » 대화 마스터

148

I heard about your father. I'm sorry for your loss.
Please accept my condolences.

Thank you. That means a lot.
It's difficult now, but I know
that things will get better.

Yes. Time heals all wounds.
He's in a better place.

Thank you for saying that.

I am here for you. If there's anything I can do,
just let me know. I can only imagine
how difficult it must be.

I'll let you know if I need anything.
Thanks again.

That means a lot. (상대의 의미 있는 말과 행동에 고마움을 표현할 때) 그렇게 (말씀)
해 주셔서 정말 감사합니다.   A is in a better place. (A가 사망했을 때 주로 유족을

아버님 소식 들었어요. 상심이 크시겠어요.
고인의 명복을 빕니다.

감사합니다. 그렇게 말씀해 주셔서
정말 감사해요. 지금은 힘들지만,
점점 나아지겠죠.

그럼요. 시간이 지나면 괜찮아질 거예요.
아버님은 더 좋은 곳에 계셔요.

그렇게 말씀해 주셔서 감사해요.

제가 있잖아요. 제가 할 수 있는 일이
뭐라도 있다면 말씀만 하세요.
얼마나 힘들지 짐작만 할 뿐이에요.

필요한 게 있다면 말씀드릴게요.
다시 한 번 감사드려요.

위로하는 말로) A는 (이제) 더 좋은 곳에 계셔요.

265

Lesson 04

Listening to others' worries

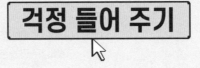
걱정 들어 주기

  ≫   ≫

Warm Up
└ 팩트 체크

Level Up
└ 원어민 게이지

Boost Up
└ 대화 마스터

'worry'와 'concern'의 뉘앙스 차이!

흔히 'worry (걱정)'와 'concern (고민)'은 걱정과 염려하는 뜻에서 혼용하기도 하지만, 다음과 같은 뉘앙스의 차이가 있습니다.

- worry → 어떤 것에 대해 걱정하고 불안해하지만 행동은 취하지 않는 걸 말해요. 아직 일어나지 않은 미래의 일을 걱정하는 경우에도 'worry'라고 해요. 주로 복수형인 'worries'를 많이 쓰지요. 동사도 마찬가지예요.

  e.g. Tell me your worries. 걱정을 말해 보세요.

- concern → 보통 현재 일어나고 있는 일에 대해 말해요. 이때 걱정은 되지만, 상황을 개선하기 위해 작은 행동을 취하지요.

  e.g. My biggest concern is about my family.
  가장 큰 고민은 가족이에요.

두 단어가 동사로 쓰일 때도 의미의 차이는 마찬가지예요.

e.g. I'm worried about the future.
전 미래에 대해 걱정해요.
I'm concerned for you. You seem depressed.
당신이 걱정돼요. 우울해 보여서요.

 경청하는 사람은 뭐라고 부를까?

미국에서는 상대의 이야기를 잘 들어 주는 사람을 'a good listener (경청하는 사람)', 상대의 감정 또한 잘 이해한다면, 'a sympathetic listener (공감해 주며 듣는 사람)'라고 할 수 있어요. 슬플 때 의지할 수 있는 사람은 'a shoulder to cry on (울 때 기댈 수 있는 사람)', 그리고 조언을 구하거나 도움을 청하는 등 의지할 수 있고 여러분의 말을 잘 들어 주는 사람은 'someone to turn to (의지할 수 있는 사람)'라고 부릅니다.

원어민 게이지 ··· 50%

149 ◀))

Really? / What? 정말? / 뭐? (정말?)

You're kidding! / No way! 장난이지! / 말도 안 돼!

I'm sorry. That really sucks.

유감이야. 그거 정말 형편없네.

> 위 표현들은 상대의 걱정·고민을 듣고 할 수 있는 말들이에요. 상대가 겪고 있는 안
> 좋은 일들에 대한 이야기를 들었을 때, 'That really sucks. (그거 정말 형편없네.)'
> 대신 'That is rough. (힘들겠어요.)' 등의 표현을 쓸 수도 있어요.

suck [비격식] 엉망이다, 형편없다

원어민 게이지 ··· 80%

150 ◀))

It sounds like you need some time to think it over.

곰곰이 생각해 볼 시간이 필요한 것 같군요.

That sounds <u>difficult</u>. 그거 힘들 거 같아요. (힘들겠어요.)

        ↳ terrible (끔찍한)/stressful (스트레스받는)

> 'That sounds ~. (~한 것 같아요.)' 대신에 'That must be ~. (~하겠어요.)'를 써
> 서 말할 수도 있어요.

What I'm hearing is you're worried about it.

제가 듣기로는, 당신이 그걸 고민하고 있던데요.

What I'm hearing is ~. 제가 듣기로는(들은 바로는) ~이에요.

원어민 게이지 … 100%

151 ◀))

What a crappy situation to be in.

참 형편없는 상황이네.

I'm sorry you're going through that.

그런 일을 겪고 있다니 유감이에요.

I think you're overthinking it.

너무 지나친 생각인 것 같아.

> 위 표현은 상대가 처한 상황에 대해 너무 부정적으로 생각하고 있을 때 유용하게 쓸 수 있는 표현이에요. 다음과 같이 말할 수도 있어요.
> **e.g.** I think you're blowing it out of proportion.
> 내 생각엔 네가 그걸 부풀려서 생각하고 있는 것 같아.

I'm always happy to lend an ear.

들어 줄 수 있어요. (언제라도 기꺼이 들어 줄게요.)

crappy 형편없는   situation 상황   go through 겪다 (위 표현에서는 'deal with'로 바꾸어 쓸 수 있음)   lend an ear 들어 주다, 귀를 기울이다

Boost Up » 대화 마스터

152

> Are you okay? You look upset.
> You know I'm always happy to lend an ear.

> Actually, I'm not doing so great.
> I found out that my best friend is talking
> badly about me behind my back.

> Really? That sounds terrible.
> I'm sorry you're going through that.

> Yeah. I just don't know what to do
> because she's my only real friend.

> It sounds like you need some time to think
> it over. But I think you're overthinking it.
> You have plenty of other friends.

> Thanks, Robert. That means a lot.

behind one's back (모르게) ~의 뒤에서, 몰래   think over 심사숙고하다, 곰곰이
생각하다   That means a lot. (상대의 의미 있는 말에 대한 답변으로) (나에게) 정말

괜찮아? 너 기분이 상한 것 같아.
난 항상 들어 줄 수 있어. (말해 봐.)

실은, 나 그닥 잘 지내지 못하고 있어.
절친이 내 뒤에서
험담을 하고 있다는 걸 알게 됐거든.

정말? 괴롭겠다.
그런 일을 겪고 있다니 마음이 안 좋네.

응. 걔는 내 유일한 진짜 친구여서
어떻게 해야 할지 모르겠어.

(너에게) 생각할 시간이 좀 필요한 것 같아.
그치만 너무 심각하게 생각하는 것 같기도 해.
넌 다른 친구들도 많잖아.

고마워, Robert. (그렇게 말해 줘서) 큰 힘이 된다.

큰 의미야. / 뜻깊어. (문맥상 '정말 큰 힘이 돼.'라는 의미)

Lesson 05
Asking & fulfilling favors

부탁하기 & 부탁 들어주기

Warm Up
└ 팩트 체크

Level Up
└ 원어민 게이지

Boost Up
└ 대화 마스터

Warm Up » 팩트 체크

⚠ **'borrow (빌리다)'와 'lend (빌려주다)', 헷갈리지 않기로 해요!**

- borrow → 다른 사람의 물건이나 돈을 '빌릴 때' 사용해요. 무엇을 빌리
  는지가 'borrow (빌리다)' 뒤에 나오며, 그것을 짧은 시간 동안 사용하고
  돌려준다는 의미를 내포합니다.

  e.g. May I borrow your pen?
  펜을 빌릴 수 있을까요?

- lend → 누군가에게 물건을 '빌려줄 때' 사용해요. 'lend A(물건) to B(사
  람)' 또는 'lend B(사람) A(물건)'의 표현이 모두 가능합니다.

  e.g. I can lend my pen to you.
  I can lend you my pen.
  제 펜을 당신한테 빌려줄 수 있어요.

⚠ **'은혜 갚다'는 영어로 'return the favor'!**

누군가의 호의로 여러분이 신세를 졌다고 느끼면, 언젠가 은혜를 갚는다고
하지요. 영어로는 'return the favor (은혜 갚다)'입니다. 때때로 비꼬는 표
현으로 활용되기도 해요. 만약 누군가 나쁜 짓을 했을 때 그대로 되갚아 주
는 것도 'return the favor (되갚아 주다)'라고 말할 수 있습니다. 그리고 양
측이 서로 호의를 베풀고 이를 갚고 나면, 또는 서로에게 나쁜 짓을 하고 이
를 복수하고 나면, 그때는 '더 이상의 빚이 없다 / 더 이상 갚을 신세가 없다'
라는 의미로 'be even (더 이상 빚이 없다)'이라고 말할 수 있습니다.

e.g. I returned the favor, so now we're even.
제가 은혜를 갚았으니 이제 우리는 더 이상의 빚이 없어요.

원어민 게이지 ··· 50%

153 ◀) ▭▭▭

‖‖‖‖‖‖‖‖‖‖‖‖‖‖‖‖‖‖‖‖‖‖

Can/Could/Would you do me a favor?

부탁 하나만 들어주실 수 있나요?

I've got a favor to ask. 제가 부탁이 있어요.

Sure. No problem. / What is it?

물론이죠. 문제 없어요. / 뭔가요?

> do A a favor A의 부탁을 들어주다

원어민 게이지 ··· 80%

154 ◀) ▭▭▭

‖‖‖‖‖‖‖‖‖‖‖‖‖‖‖‖‖‖‖‖‖‖

What do you need (help with)? 무슨 도움이 필요하세요?

I'd be glad/happy to (help you). 기꺼이 도울게요.

> 위 표현은 도움 요청에 흔쾌히 응할 때 쓸 수 있어요. 'help you'는 'help you out / help out'으로 쓰거나 생략할 수 있어요.

May/Can/Could I borrow your pencil for a minute?

제가 연필 좀 잠깐 빌릴 수 있을까요?

> for a minute 잠시, 잠깐

원어민 게이지 ⋯ 100%

155

||||||||||||||||||||||||||||||||||||||||||||||||||||||||||||||||||||||||

Can you do me a solid? 제 부탁 좀 들어줄 수 있어?

> 'do A a solid (A의 부탁을 들어주다)'는 'do A a favor'와 동일한 의미지만, 덜 격식
> 을 차리는 표현으로 친구에게 씁니다. 또한, 'solid'가 단독으로 '부탁'의 의미를 나타내
> 는 경우는 없답니다.

Could you please do it for me?

저 대신 좀 해 주실 수 있을까요?

Could you possibly take care of my dog while I'm away?

제가 없는 동안 개를 좀 돌봐 주실 수 있을까요?

Would it be too much of a bother (for you) to pick up my dry-cleaning?

드라이 클리닝 맡긴 것 (대신) 찾아 오는 일이 큰 실례가 될까요?

> 바로 위 표현에서 'be too much of a bother (너무 성가신 일이 되다)'는 대신 'be
> too much trouble (너무 번거로운 일이 되다)'을 쓸 수 있어요. 위 표현은 문맥상 '큰
> 실례가 되다'라고 해석합니다.

Could I bother/trouble/ask you to watch my son for an hour?

제 아들을 한 시간만 봐 주실 수 있을까요?

> Could you please/possibly ~? ~을/를 해 주실 수 있을까요?

Boost Up » 대화 마스터

156 🔊

Hey, I'm in a bit of a tight spot.
I've got a favor to ask.

Sure. No problem.
What do you need?

Could you please lend me $50?
I forgot my wallet.

Sure! I'd be happy to help you. Here.
Actually, could you do me a favor, too?

Thanks so much! Sure.
What is it?

Would it be too much trouble for you
to drive me to my doctor's appointment?

be in a tight spot 매우 곤란한 입장에 처해 있다 (be in a difficult situation)
wallet 지갑   drive 태워다 주다   doctor's appointment 진찰/진료 예약

있잖아, 내가 좀 난처한 입장에 처해 있는데.
부탁이 있어.

그래. 좋아.
뭐가 필요한데?

50달러 좀 빌려줄 수 있을까?
지갑을 잃어버렸거든.

물론이지! 기꺼이 도와줄게. 여기 있어.
저, 내 부탁도 들어줄 수 있어?

정말 고마워! 물론이야.
뭔데?

나 진료 예약 가는 데 날 좀 태워다 주는 건
너무 번거로울까? (데려다줄 수 있어?)

퀴즈 플레이

① **Do you need** _____ **with that?**

그거 좀 도와줄까?

② **In that case, would you** _____ **helping me clean up a bit?**

그럼 청소 도와주는 것도 상관없어?

③ **I** _____ **I could help you with that, but I'm not good with computers.**

도와 드리고는 싶은데, 제가 컴퓨터를 잘 못해서요.

④ **I'm** _____ **I can't give you my phone to use.**

미안하지만, 제 전화기는 사용하라고 드릴 수 없어서요.

⑤ **I'm sorry for your** _____ **.**

상심이 크시겠어요.

1. help   2. mind   3. wish
4. afraid   5. loss

278

6 I can only _____ how difficult it must be.

얼마나 힘들지 짐작만 할 뿐이에요.

7 I'm _____ you're going through that.

그런 일을 겪고 있다니 마음이 안 좋네.

8 It sounds _____ you need some time to think it over.

(너에게) 생각할 시간이 좀 필요한 것 같아.

9 I've got a _____ to ask.

부탁이 있어.

10 Would it be too much _____ for you to drive me to my doctor's appointment?

나 진료 예약 가는 데 날 좀 태워다 주는 건 너무 번거로울까?
(데려다줄 수 있어?)

---

6. imagine **7.** sorry **8.** like
9. favor **10.** trouble / of a bother

CHAPTER 09

Hobbies

취미

Lesson 01
Spending free time

Warm Up
└ 팩트 체크

≫

Level Up
└ 원어민 게이지

≫

Boost Up
└ 대화 마스터

! '취미'를 나타내는 영어 표현들의 세심한 차이!

- hobby (취미) → 여가 시간에 규칙적으로 즐기는 일을 말해요. 거기에는 목표가 있을 수도 있고 없을 수도 있지만, 일반적으로 오랜 기간(몇 달 또는 몇 년)을 즐겨 온 활동을 가리킵니다.

  e.g. My hobby is playing piano.
  제 취미는 피아노 치는 거예요.

- pastime (오락 활동) → 다른 할 일이 없을 때 무심코 하는 일을 말해요. 즐기는 일이지만 아마 거기에는 목표가 없는 경우가 대부분이죠.

  e.g. My favorite pastime is reading fashion magazines.
  제가 좋아하는 취미는 패션 잡지 읽기입니다.

- passion (몹시 좋아하는 것) → 단순히 즐긴다는 의미를 넘어 훨씬 더 진지하게 느끼는 것을 말해요. 비록 여가 시간이 나지 않더라도 이를 위한 시간을 만들 것이며, 거기에는 목표가 있을 거예요.

  e.g. My passion is protecting the environment.
  제가 몹시 열중하는 것은 환경보호입니다.

! 원어민들은 'What's your hobby?'라고 묻지 않는다?

한국에서 우리가 흔히 한가할 때 즐겨 하는 '취미'를 'hobby'로 직역해 'What's your hobby? (취미가 뭔가요?)'라고 묻는데요. 틀린 표현은 아니지만, 원어민들은 'What do you do in your free time? / What do you get up to in your free time? (여가 시간에 무얼 하나요?)'이라고 더 자주 묻습니다. 단순히 자유 시간에 가볍게 즐기는 활동에 대해 물어보는 질문으로 더 자연스럽기 때문입니다. 누군가의 취미에 대해 영어로 물어볼 때 한번 위와 같이 질문해 보세요.

원어민 게이지 ⋯ 50%

157 ◀))

‖‖‖‖‖‖‖‖‖‖‖‖‖‖‖‖‖‖‖‖‖‖‖‖‖

What's your hobby? 취미가 뭐예요?

My hobby is skateboarding.

제 취미는 스케이트보드 타기예요.

> 위 표현들은 상대에게 딱히 'hobby (오랜 기간 즐겨 온 취미)'랄 것이 없을 수도 있어
> 서 원어민들은 의외로 잘 쓰지 않아요.

hobby (주로 오랜 기간 즐겨 온) 취미

원어민 게이지 ⋯ 80%

158 ◀)) ▭▭▭▭▭▭

‖‖‖‖‖‖‖‖‖‖‖‖‖‖‖‖‖‖‖‖‖‖‖‖‖

What do you do in your free time?

여가 시간에 뭐해요?

What do you like to do (in your free time)?

(여가 시간에) 뭐하는 거 좋아해요?

I enjoy/like drawing (in my free time).

전 (여가 시간에) 그림 그리는 걸 좋아해요. / 즐겨 해요.

> 'enjoy (즐기다)' 뒤에는 동명사(동사-ing)만 오고, 'like (좋아하다)' 뒤에는 동명사
> (동사-ing)와 부정사(to 동사) 모두 올 수 있어요.

free time 여가 시간   draw 그리다   enjoy 동명사-ing ~을/를 즐기다

284

How do you spend your free time?

여가 시간을 어떻게 보내세요?

When I'm free, I like to play basketball.

한가할 때, 저는 농구하는 걸 좋아해요.

위 표현은 다음과 같이 바꾸어 말할 수 있어요.

e.g. When I have time, I like to play basketball.
시간이 있을 때, 저는 농구하는 걸 좋아해요.

When I can, I like to go to the beach.

할 수 있을 때 (기회가 될 때), 해변에 가는 걸 좋아해요.

What do you get up to in your free time?

한가한 시간엔 무얼 하세요?

위 표현에서 'get up to ~ (~을/를 하다)'는 여가 시간에 무얼 하며 시간을 보내는지
물어볼 때 사용할 수 있어요. 참고로 위 질문에 대답할 때는 'I like/enjoy ~. (전 ~하
길 좋아해요.)' 하고 말하는 것이 자연스럽습니다.

I'm into going to the gym because it keeps me fit.

건강을 유지할 수 있기 때문에 체육관에 가는 걸 좋아해요.

gym 체육관 (소위 '헬스장')   keep (A) fit (A의) 건강을 유지하다   I'm into ~. ~하는
데 관심이 있어요. / ~하는 걸 좋아해요.

Boost Up » 대화 마스터

160 ◀))

What do you get up to
in your free time?

When I have time, I like to go hiking.
How do you spend your free time?

That's a good hobby.
I'm into nature, too.
So, I enjoy camping in my free time.

We're pretty similar!
I like to camp, as well.

Maybe you can join me
the next time I go camping.

Sure.
When I can, I will definitely join you.

go hiking 등산하다　　pretty 꽤 (위에서는 문맥상 강조의 뜻인 '정말'로 해석)
as well 또한, 역시　　join 함께 하다, 합류하다

여가 시간에
뭐하세요?

긴 시간이 있을 때, 등산하길 좋아해요.
여가 시간을 어떻게 보내세요?

좋은 취미네요.
저도 자연을 좋아해요.
그래서 저는 여가 시간에 캠핑을 즐겨요.

우린 정말 비슷하네요!
저도 캠핑하는 거 좋아해요.

다음에 저 캠핑 갈 때
함께 해도 좋겠어요.

물론이죠.
기회가 될 때, 꼭 함께 할게요.

Lesson 02
Taking up a hobby

Warm Up
  ↳ 팩트 체크

Level Up
  ↳ 원어민 게이지

Boost Up
  ↳ 대화 마스터

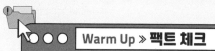

❗ 'taking up a hobby'가 '새로운 취미 만들기'?

'take up (배우다, 시작하다)'은 어떤 활동에 흥미를 느끼고 참여하기 시작한다는 의미입니다.

e.g. She took up swimming last year.

　　그녀는 작년에 수영을 시작했어요.

또한, 어떤 것을 사용하거나 점유하는 것을 의미할 때도 있습니다. 예를 들어, 'take up time (시간이 들다)', 'take up space (공간을 차지하다)', 'take up somebody's attention (누군가의 주의를 끌다)'이라고 씁니다.

취미를 시작한다고 말할 때에는 'take up' 대신 'pick up (익히다)' 또는 간단히 'start/begin (시작하다)'을 쓸 수도 있습니다.

e.g. Didn't you pick up a new hobby recently?

　　최근 새로운 취미(재주)를 익히지 않았나요?

❗ '시작'과 관련한 영어 속담!

미국에서는 취미든 직업이든 간에 무언가를 뒤늦게 시작하는 상황에 어울리는 속담으로 다음과 같은 표현이 있습니다.

e.g. You can't teach an old dog new tricks.

　　나이가 들면 잘 바뀌지 않아요.

이것은 사람들의 어떤 행동이나 의견을 바꾸는 것이 어렵다는 걸 설명할 때에도 사용됩니다. 하지만 우리는 시기가 언제든 주저하지 말고 무엇이든 도전할 수 있습니다! 이러한 생각을 잘 나타낸 속담이 바로 이겁니다.

e.g. Better late than never.

　　늦더라도 안 하는 것보단 나아요.

늦은 것 같아도 항상 무언가를 시도하는 것이 좋다는 응원의 메시지입니다. 항상 기억하세요!

원어민 게이지 … 50%

161

I am beginning to learn origami.

종이접기를 배우기 시작했어요.

I started doing yoga every morning.

매일 아침 요가를 하기 시작했어요.

> I am beginning ~. / I started ~. ~을/를 시작했어요.

원어민 게이지 … 80%

162

I've taken up painting.

전 그림 그리기를 시작했어요.

> 'have taken up ~ (~을/를 시작하다)'은 과거형 'took up'보다 최근에 생긴 일이라
> 는 뉘앙스를 줍니다. 'up' 뒤에는 명사 또는 동명사(동사-ing)가 옵니다.

I picked up salsa dancing. 전 살사 댄스를 시작했어요.

I (have) always wanted to learn another language.

전 항상 다른 언어를 배우고 싶었어요.

> pick up (재주 등을) 익히게 되다 (자연스럽게 '시작하다'라고 해석)

I would like/love to take up traveling if I had the time.

전 시간이 된다면 여행을 (시작)하고 싶어요.

I am going to get into running.

전 달리기를 시작할 거예요.

I am thinking of starting to learn pottery.

전 도예 배우는 걸 시작할까 생각 중이에요.

> 위 표현들은 'take up ~ / get into ~ / start ~ (~을/를 시작하다)'를 활용해서 무언가를 시작하고자 하는 마음을 나타내고 있어요.
> I would like/love to take up ~. ~을/를 시작하고 싶어요.
> I am going to get into ~. ~을/를 시작할 거예요.
> I am thinking of starting ~. ~을/를 시작할까 생각 중이에요.
> 새로운 취미에 대해 적극적으로 아이디어를 나눠 보세요!

I like/love the idea of planting a garden.

전 정원을 가꾼다는 생각이 맘에 들어요.

> 'I like/love the idea of ~. (~하는 아이디어/생각이 맘에 들어요.)'를 활용해 상대방의 새로운 취미 계획에 대해 긍정적인 반응을 보여 줄 수 있어요!
> 물론, 먼저 자신이 생각하는 새로운 취미에 대해 이야기할 때도 쓸 수 있는 표현입니다.

---

pottery 도자기(그릇들), 도예　　plant a garden 뜰에 나무를 심다, 정원을 가꾸다 (make a garden)

Boost Up » 대화 마스터

164

Did you start exercising?
You look healthier these days.

Yes! I took up cycling two months ago.
I always wanted to start cycling
and I finally did it.

Wow! That's a great hobby to pick up.
I would like to take up a hobby
for my health too.

What about cycling?
We could do it together.

Thanks for the invitation.
Actually, I'm thinking of starting to learn to golf.

I like the idea of that! Since you're an executive,
it will be good for your work, too!

exercise 운동하다   these days 요즘   cycling 자전거 타기, 사이클링
What about ~? ~ 어때요?   invitation (말이나 글로 하는) 초대, 초청

운동 시작했어요?
요즘 더 건강해 보여요.

네! 저 두 달 전에 자전거 타기를 시작했어요.
항상 자전거 타는 걸 시작하고 싶었는데
드디어 (시작)했어요.

와! 정말 좋은 취미네요.
저도 제 건강을 위해서
취미를 갖고 싶어요.

자전거 타기는 어때요?
우리 같이 하면 되잖아요.

제안해 줘서 고마워요.
실은, 골프를 배워 볼까 생각 중이에요.

그거 좋은데요! 당신이 경영진이기 때문에,
일에도 도움이 될 것 같아요!

since 때문에   executive 경영진   be good for ~ ~에 좋다, 도움이 되다

Lesson 03
Quitting a hobby

Warm Up
└ 팩트 체크

Level Up
└ 원어민 게이지

Boost Up
└ 대화 마스터

⚠ 무언가를 그만둘 땐 'quit' 또는 'call it quits'!

- quit → 어떤 일을 '그만두다'라는 의미인데요. 또한 장소나 직장 등을 떠나는 것을 의미하는 데 쓰기도 해요. 무엇을 중지하는지, 어느 장소를 떠나는지에 대한 정보는 'quit (그만두다)' 다음에 쓰면 됩니다.

  e.g. I quit cello after middle school.
  전 중학교를 졸업하고 첼로를 관뒀어요.

- call it quits → 다소 생소한 표현일텐데요. 마찬가지로 '그만두다'라는 의미로 해석해요. 이 표현은 어떤 활동이나 모험을 그만두기로 결정하는 것을 의미합니다. 주로 그만둔다고(그만두기로 결정했다고) '말하는' 시점에 씁니다.

  e.g. I lost interest in photography so I called it quits.
  나 사진에 흥미를 잃어서 그만두기로 했어.

⚠ 그만두는 데 남에게 변명할 필요는 없어요!

취미를 그만둔 이유에 대해 구체적으로 말하고 싶지 않을 때에는 이에 대해 명백히 밝히지 않아도 좋습니다. 따라서 누군가 여러분에게 'Why did you quit? (왜 그만뒀어요?)'이라고 물었을 때, 여러분은 'It just wasn't for me. (그냥 저한테 안 맞았어요.)'라고 말할 수 있습니다. 또는 'I just lost interest. (그냥 흥미를 잃었어요.)'라고 간단하게 말할 수 있습니다.

원어민 게이지 ··· 50%

165

||||||||||||||||||||||||||

I quit collecting stamps. 전 우표 수집을 관뒀어요.

I stopped camping by myself as I got older.

저는 나이 들면서 혼자 캠핑 가는 걸 그만뒀어요.

I quit ~. / I stopped ~. 전 ~을/를 관뒀어요.

원어민 게이지 ··· 80%

166

|||||||||||||||||||||||||||||||||||||||||||

I gave up (on) carpentry because of my arthritis.

전 관절염 때문에 목공을 단념했어요.

I lost interest in blogging.

전 블로그를 운영하는 데 흥미를 잃었어요.

'I gave up (on) ~. (전 ~을/를 단념했어요.) / I lost interest in ~. (전 ~에 흥미를 잃었어요.)'은 'quit/stop (그만두다)'을 활용한 직설적인 표현에 비해 완곡한 느낌을 주어 더 자연스럽게 쓸 수 있어요.

I've found a new/different interest.

새로운/다른 관심거리를 발견했어요.

carpentry 목공   arthritis 관절염   blog 블로그를 기록하다 (위에서 자연스럽게 '블로그를 운영하다'로 해석)

||||||||||||||||||||||||||||||||||||||||||||||||||||||||||||||||||||

I called it quits because of my work. I don't bake bread anymore.

전 일 때문에 관뒀어요. 더 이상 빵을 굽지 않아요.

Martial arts was too hard so I threw in the towel.

무술이 너무 어려워서 전 포기했어요.

> 'throw in the towel (그만두다, 포기하다)'은 복싱에서 경기를 중단하겠다는 의미로 수건을 링 안으로 던지는 데서 유래한 표현입니다.

I decided I wasn't cut out for surfing.

전 서핑이랑 안 맞다고 결론 내렸어요.

> 'be cut out for ~'는 '~에 적합하다, 소질이 있다'라는 뜻으로 어떤 취미를 그만둘 때 'be not cut out for ~ (~와/과 안 맞는다)'라고 쓸 수 있어요. 어떤 일(직업 등)에 자질이 없다고 할 때에도 자주 써요.

I've moved on from making blankets to making clothes.

전 담요 만들기에서 옷 만들기로 (취미를) 옮겼어요.

> 'have moved/move on (from A to B)'는 '(A에서 B로) 옮기다'라는 의미로 새로운 일·주제(취미)가 바뀌었을 때 쓸 수 있는 표현이에요.

---

because of ~ ~ 때문에   bake (음식 등을) 굽다   martial arts 무술

Boost Up » 대화 마스터

168

Did you quit Pilates?
I haven't seen you in class in a while.

Yeah, I decided to call it quits.
I'm just not cut out for it.

But you didn't give it enough time!
Of course, it's hard in the beginning.
You shouldn't give up on it so fast.

I lost interest in it and hated going to class.
So, I found a new hobby.

Really? What's your new hobby?

I moved on from Pilates to aerobics.
It's more my style.

Pilates 필라테스　　in a while 한참, 오랫동안　　hard 힘든　　in the beginning
처음에는　　aerobics 에어로빅　　style 스타일, 방식 (문맥상 'It's more my style.'은

너 필라테스 그만뒀어?
수업 시간에 오랫동안 못 봐서.

응, 그만두기로 했어.
난 그거(필라테스)랑 안 맞는 것 같아.

충분한 시간을 들이지 않았잖아.
물론 처음엔 힘들지.
그렇게 빨리 포기하면 안 돼.

흥미를 잃어서 수업에 가기가 싫더라고.
그래서 새로운 취미를 찾았지.

정말? 새로운 취미가 뭔데?

필라테스에서 에어로빅으로 옮겼어.
그게 더 내 취향에 맞더라고.

'그게 더 내 스타일이야. → 그게 더 나랑 맞아. / 내 취향에 맞아.'라고 해석)

퀴즈 플레이

1 What do you _____ up to in your _____ time?

여가 시간에 뭐하세요?

2 When I have _____, I like to go hiking.

전 시간이 있을 때, 등산하길 좋아해요.

3 How do you _____ your free time?

여가 시간을 어떻게 보내세요?

4 I _____ up cycling two months ago.

저 두 달 전에 자전거 타기를 시작했어요.

5 I always _____ to start cycling and I finally did it.

항상 자전거 타는 걸 시작하고 싶었는데 드디어 (시작)했어요.

---

1. get, free   **2.** time   **3.** spend
4. took/picked   **5.** wanted

6 Actually, I'm _____ of starting to learn to golf.

실은, 골프를 배워 볼까 생각 중이에요.

7 Did you _____ Pilates?

너 필라테스 그만뒀어?

8 I decided to _____ it quits.

그만두기로 했어.

9 I'm just not _____ out for it.

난 그거(필라테스)랑 안 맞는 것 같아.

10 I _____ interest in it. So, I _____ a new hobby.

흥미를 잃었어. 그래서 새로운 취미를 찾았지.

---

6. thinking   **7.** quit   **8.** call
9. cut   **10.** lost, found

CHAPTER 10

Health

건강

Lesson 01

Describing symptoms

증상 설명하기

Warm Up
└ 팩트 체크

≫

Level Up
└ 원어민 게이지

≫

Boost Up
└ 대화 마스터

Warm Up » 팩트 체크

ⓘ 'side effect (부작용)'와 'symptom (증상)'의 차이!

'side effect(부작용)'와 'symptom(증상)'은 둘 다 명사로, 무언가 잘못되었음을 겉으로 드러낸다는 점에서 비슷하지만 거기에는 미묘한 차이가 있습니다. 다음을 살펴볼게요!

- side effect → 약 또는 수술 등 어떤 의학적 처치에 의해 발생하는 부작용을 일컫습니다. 'adverse effect (역효과)' 또는 'adverse reaction (역반응)'이라고도 합니다.

  e.g. A common side effect of this medicine is drowsiness.
  이 약의 일반적 부작용은 졸음입니다.

- symptom → 질병 등으로 인해 나타나는 정신적 또는 육체적 변화를 말합니다. 즉, 근본적인 문제가 따로 존재하며, 그 문제는 다양한 증상들을 야기할 수 있습니다.

  e.g. I am suffering from cold symptoms such as a runny nose and sore throat.
  전 콧물과 목감기 같은 감기 증세를 겪고 있어요.

ⓘ 우리가 일반적으로 가는 병원은 'hospital'이 아니다?

우리가 말하는 '병원'을 영어로 직역하면 'hospital'이지만, 이는 미국에서 응급이나 수술 등 심각한 질병을 다루는 대학 병원 등의 초대형 의료 기관을 말해요. 일반적으로 감기나 독감에 걸렸을 때 방문하는 곳은 'doctor's office (개인 병원)' 또는 'clinic (진료소)'입니다.

e.g. I'm going to the doctor's.
저 진료받으러 가요.

원어민 게이지 ··· 50% 169 ◀))

My <u>tooth</u> hurts (when I chew). (씹을 때) 이가 아파요.
↳ stomach (배) / head (머리) / leg (다리) / back (허리) 등

I don't feel good. 몸이 안 좋아요.

I feel/am sick. 아파요.
↳ dizzy (어지러운) / tired (피곤한) / hot (열이 나는) /
achy (몸살이 난) / nauseous (구역질이 나는) 등

I don't feel good. 기분이 좋지 않아. → 몸 상태가 좋지 않아.

원어민 게이지 ··· 80% 170 ◀))

I have a headache. 두통이 있어요.

위 표현은 어떤 증상이 있음을 설명할 때 자주 써요. 'headache (두통)' 대신
'stomachache (복통) / sore throat (인후통) / toothache (치통)' 등 직접적으로
통증에 대해 언급하는 표현이에요.

I've got a cold. 감기 걸렸어요.

'cold (감기)' 대신 'cough (기침) / sore throat (목 아픔)' 등을 말할 수 있어요.
'cold (감기) / flu (독감)' 등 바이러스성 질환에 대해 말할 때는 'have got' 대신 동사
'catch'를 쓸 수 있습니다.

I have got a cold. / I caught a cold. 감기 걸렸어요.

원어민 게이지 ··· 100%

171 ◀)) ▭▭▭▭

|||||||||||||||||||||||||||||||||||||||||||||||||||||||||||||||||||||||

I am having trouble/difficulty sleeping.

자는 데 어려움이 있어요. (잠을 잘 못 자요.)

> 'have trouble/difficulty ~ (~하는 것에 어려움을 겪다)'는 뒤에 동명사(동사-ing)
> 가 나와요.

I've been having chest pains.

계속 가슴 통증이 있어요.

> 'be having ~' 또는 'have been having ~'은 복수형 명사(증상)와 함께 '계속 ~을/
> 를 경험하다 → 계속 ~이/가 있다'라는 의미를 나타내요.

I am feeling under the weather.

몸이 좋지 않아요.

Are you feeling run-down? 기운이 없으세요?

> 'feel <u>under the weather</u> / feel <u>run-down</u>' 모두 '몸이 좋지 않다 / 기운이 없다'
> 라는 의미로 쓸 수 있어요.
> '<u>be</u> run-down' 또는 '<u>look</u> run-down'이라고 할 수도 있습니다.

chest pain(s) 가슴 통증

Boost Up » **대화 마스터**

172 🔊

Are you feeling okay?
You look run-down.

I'm feeling under the weather, actually.
I am having trouble staying awake
because I feel so exhausted.

Really?
Do you think you've got a cold?

Maybe. I've been having headaches and
I have a sore throat.

Does it hurt when you swallow?

Yes. Since my throat hurts so much,
I can't really eat anything.

stay awake 자지 않고 깨어 있다 (위에서 'have trouble staying awake'는 '깨어 있어
서 애를 먹다' → 문맥상 자연스럽게 '잠을 잘 못 잔다'로 해석)

괜찮으세요?
안색이 안 좋아 보여요.

실은 몸이 안 좋아요.
너무 피곤해서
잠을 잘 못 자고 있거든요.

그래요?
감기 걸린 것 같나요?

아마도요. 두통이 있고,
목이 아파요.

삼킬 때 아픈가요?

네. 목이 너무 아파서
아무것도 못 먹겠어요.

exhausted 기진맥진한, 탈진한 (위에서는 자연스럽게 '피곤한'이라고 해석)
sore throat 인후통   swallow 삼키다   since ~ ~ 때문에   throat 목(구멍)

Lesson 02
Talking about medical conditions

질병에 대해 이야기하기

Warm Up
└ 팩트 체크

Level Up
└ 원어민 게이지

Boost Up
└ 대화 마스터

(!) '질병'을 의미하는 'illness/disease/sickness', 뭐가 다를까?

'(질)병'을 의미하는 'illness/disease/sickness' 세 단어 모두 누군가 건강한 상태가 아니라는 것을 의미하는 대표적인 단어들인데요. 의학적으로 문제가 있는 상태를 말합니다. 종종 일상적인 대화에서 별 무리 없이 혼용할 수 있지만, 미묘한 차이는 존재합니다. 다음을 살펴볼까요?

• illness → '병'을 의미하는 가장 일반적인 단어로, 사람들이 몸이 좋지 않다고 말할 때 씁니다. 이때 의사와 이야기를 했을 수도 있고 아닐 수도 있습니다. 심각한 병/정신 질환 등에도 역시 사용할 수 있습니다.

• disease → 'illness'보다는 더 구체적으로 의사의 진단이 있습니다. 따라서 일상 대화에서는 비교적 심각하고 장기적인 불치병 등에 주로 사용합니다.

• sickness → 'motion sickness (멀미)' 등 특정 종류의 질환을 말할 때 쓰거나, 아파서 일 · 학교를 빠지는 등의 경우에는 'illness'처럼 쓸 수도 있습니다.

(!) 알아 두면 유용한 용어 'pre-existing condition (병력)'!

진단을 위해 의사와 상담할 때 'pre-existing condition (병력)'에 대해 질문을 받을 수 있습니다. 이것은 현재에 이르기까지 경험한 병력을 말합니다. 이에 해당되는 것으로는 'asthma (천식)', 'diabetes (당뇨병)', 'high blood pressure (고혈압)' 등을 예로 들 수 있습니다. 참고로 의료 보험을 가입할 때도 'pre-existing condition'에 대해서 확인하니 미리 용어를 알아 두면 유용하겠죠?

원어민 게이지 ··· 50%

173

When did you start feeling this way?

언제부터 이같이 느끼기/아프기 시작했어요?

When did your symptoms start?

언제 증상이 시작됐나요?

I have asthma. 전 천식이 있어요.

this way 이같이, 이렇게   asthma 천식

원어민 게이지 ··· 80%

174

I have a peanut allergy. 전 땅콩 알레르기가 있어요.

Are you taking any medicines/medications?

복용 중인 약물이 있으세요?

> 위 표현의 경우 'Are you on any medicines/medications? (복용 중인 약물이 있
> 으세요?)'라고 바꾸어 물어볼 수도 있어요.

(I think) You're suffering from the flu.

(제 생각에) 당신은 독감을 앓고 있는 것 같아요.

have a(n) A allergy A 알레르기가 있다 (be allergic to A)   take (약을) 먹다, 복용하다
suffer from ~ ~(으)로 고통받다, (병을) 앓다

원어민 게이지 … 100%

I have a bad back.

허리 상태가 안 좋아요. (요통이 심해요.)

Is there any possibility that you might be pregnant?

당신이 임신했을 가능성이 있나요?

> 두 번째 표현은 산부인과에서 의사가 물어볼 수 있는 질문으로, 일반적으로 의심 증상을 들은 후 물어봅니다. 산부인과가 아니라도 엑스레이(x-ray)나 그 밖에 뱃속 태아 · 산모에게 영향을 미칠 수 있는 어떤 진료 절차가 있을 시, 또는 약을 처방하기 전에도 물어볼 수 있습니다.

It sounds/looks/seems like you have a cold.

감기에 걸리신 것 같네요.

> 위 표현은 질병 가능성에 대해 말할 때 원어민들이 정말 자주 쓰는 표현들 중 하나예요.

Is there a history of cancer in your family?

가족 중 암 병력이 있나요?

> 위 표현은 유전적으로 나타날 수 있는 질병에 관해 가족 병력을 확인할 때 의사들이 주로 묻는 질문입니다. 'a history of ~'는 '~의 내력/역사'라고 직역하지만, 이 상황에서는 '병력'이라고 해석하는 것이 자연스럽습니다.

I have a bad ~. ~(상태)가 안 좋아요.　　pregnant 임신한　　have a cold 감기에 걸리다
It sounds/looks/seems like ~. ~인 것 같아요.

Boost Up » 대화 마스터

176 ◀)))

It sounds like you have
an upper-respiratory infection.
When did your symptoms start?

I started feeling like this 3 days ago.

You suffer from asthma.
Is there a history of asthma in your family?

No, I'm the only one who has asthma.

Are you taking any medicines?
And are you allergic to any medicines?

No, I'm only taking vitamins.
I'm allergic to penicillin.

respiratory 호흡의, 호흡 기관의   infection 감염, 전염병   vitamin(s) 비타민
penicillin 페니실린

호흡기 윗부분에
감염이 의심됩니다.
언제 증상이 시작됐나요?

3일 전부터 이렇게 느끼기 시작했어요.

천식을 앓고 있네요.
가족 중에 천식 병력이 있나요?

아뇨, 저만 천식이 있어요.

복용 중인 약이 있나요?
알레르기 반응을 보이는 약은 있나요?

아니요, 비타민만 먹고 있어요.
(그리고) 전 페니실린 알레르기가 있어요.

Lesson 03

Getting a doctor's orders

의사의 진단받기

Warm Up
└ 팩트 체크

» **Level Up**
└ 원어민 게이지

» **Boost Up**
└ 대화 마스터

Warm Up » 팩트 체크

! '처방'과 관련된 유용한 표현들!

'처방'은 영어로 'prescription', 종이로 된 '처방전'은 'prescription slip'이라고 말해요. 그리고 '처방(받은) 약'은 'prescription medicine/medication'이라고 합니다.

e.g. I got a prescription slip from the doctor.
　　　　의사한테 처방전을 받았어요.

의사가 처방하는 행위는 'write a prescription (처방전을 쓰다)', '(약을) 처방하다'는 'prescribe (a medicine/medication)'라고 해요.

e.g. The doctor prescribed me some medication for my cold.
　　　　의사가 감기약을 처방해 줬어요.

　　　　I will prescribe you some antibiotics for the infection.
　　　　감염에 쓸 항생제를 처방해 드릴게요.

일반적으로 미국에서는 의사와 상담 시 약을 처방받게 되면 의사가 어느 약국에 처방전을 보내 줄지 물어봅니다. 이때 전산 시스템에 주변 약국이 다 있어서 정확히 원하는 약국의 위치를 알려 줘야 해요.

e.g. Which pharmacy do you want it (to be) sent to?
　　　　어느 약국으로 보내길 원하세요?

　　　　I want it sent to Walgreens on Main Street.
　　　　Main Street에 있는 Walgreens로 보내 주세요.

! 진단서는 영어로 'note'!

미국에서 '(의사) 진단서'는 영어로 '(doctor's) note'라고 합니다. 병가일 경우 대부분의 직장이나 학교에 질병과 기간 등이 명시된 진단서 제출이 필요하지요. 진료가 끝나 갈 즈음 의사가 'Do you need a note? (진단서 필요하세요?)'라고 물으면 진단서가 필요한지 묻는 것임을 꼭 기억하세요!

원어민 게이지 ⋯ 50%

177 ◀))

You need to drink a lot of water.

물을 많이 드세요.

You should get plenty of rest.

충분한 휴식을 취하세요.

> 'You need to ~. / You should ~. (~해야 해요. → ~하세요.)'는 의사가 처방하며 권고하는 가장 기본적인 표현입니다.

a lot of 많은   get rest 휴식을 취하다   plenty of 많은

원어민 게이지 ⋯ 80%

178 ◀))

Be/Make sure you don't overexert yourself.

무리하지 않도록 하세요. (무리하면 안 됩니다.)

> 'Be/Make sure ~. (반드시 ~하세요.)'는 뒤에 절(주어+동사 ~) 대신 부정사(to 동사)가 올 수도 있어요.
> **e.g.** Be sure to take the medicine with every meal.
> 끼니마다 약을 꼭 챙겨 드세요.

Take aspirin every 5 hours.

5시간마다 아스피린을 복용하세요.

Come and see me if you're still sick in a week.

일주일 후에도 여전히 아프면 오세요.

overexert (정신력 · 지력 등을) 지나치게 쓰다 (문맥상 '무리하다'라고 해석)

 원어민 게이지 ··· **100%**　　　179 🔊

I will write you a prescription for sleeping pills.

수면제를 처방해 드릴게요.

It's (just) a precaution.

그건 (단지) 예방책일 뿐이에요.

I want you to see a heart specialist.

심장 전문의를 만나 보세요.

I would suggest you undergo/take/have a blood test.

혈액 검사를 받아 보는 걸 권해 드려요.

> 'I want you to ~. (~하길 원해요. → ~하세요.) / I would suggest you ~. (~하는 걸 권해 드려요.)'는 주로 다음 단계의 진료 절차가 필요할 때 의사가 쓰는 표현들입니다. 'blood test (혈액 검사)' 외에 흔히 경험하는 검사로는 'x-ray (엑스레이)/ultrasound (초음파)' 등이 있어요.

write A a prescription (slip) for ~ A에게 ~에 대한 처방전을 써 주다, ~(약)을 처방하다
sleeping pills 수면제　　specialist 전문의　　undergo (수술 · 치료 등을) 받다

319

Boost Up » 대화 마스터

180

You have the flu.
I will write a prescription for an antiviral drug.
This should decrease your symptoms.

Alright. How long do I have to take it for?

The prescription is for 7 days of medicine.
Make sure you finish the medicine.
Take the medicine with each meal.

Is there anything else I should do?
I need to get well quickly so I can work.

You need to rest. I'd suggest you take 3 days off.
If you need a note, let me know.
And I want you to call me if you're still sick in a week.

Yes, can you please write me a note?
Thank you.

antiviral drug 항바이러스제, 바이러스약   decrease 줄이다, 감소시키다   meal
식사   get well 병이 낫다, 회복하다   day(s) off (근무를) 쉬는 날   still 여전히

독감에 걸리셨군요.
항바이러스제를 처방해 드릴게요.
이게 증상을 줄여 줄 거예요.

네. 그 약은 얼마 동안 복용해야 하나요?

처방전은 7일치예요.
꼭 약을 다 드셔야 해요.
매 끼니마다 복용하세요.

그 외에 지켜야 할 사항이 있나요?
제가 빨리 나아야 일을 할 수 있거든요.

쉬셔야 돼요. 3일 동안 일을 쉬는 걸 권해 드려요.
진단서가 필요하면 말씀하세요.
그리고 일주일 후에도 여전히 아프면 전화 주세요.

네, 진단서를 좀 써 주시겠어요?
감사합니다.

Is there anything else I should do? 제가 해야 할 일이 더 있나요? (위에서 문맥상 '그 외에 지켜야(주의해야) 할 사항이 있나요?'라는 의미)

Lesson 04

Going to the pharmacy

Warm Up
└ 팩트 체크

Level Up
└ 원어민 게이지

Boost Up
└ 대화 마스터

! '약국'을 뜻하는 'drugstore / drug store'와 'pharmacy'!

• drugstore / drug store → 과자, 개인 위생 용품, 청소 용품, 화장품, 선물 등 다양한 제품들을 함께 취급하며 판매하는 곳입니다. 한국의 '올리브 영'과 같은 곳을 생각하면 비슷합니다. 다만, 한국에서와 다른 점은 미국의 'drugstore / drug store (약국이 있는 잡화점 / 드러그 스토어)'에는 일반적으로 내부에 약을 조제하는 'pharmacy'가 함께 존재해 의사로부터 처방받은 약을 구입할 수도 있다는 점입니다.

• pharmacy → 약을 조제하는 곳으로, 병원, 별도의 사업체, 식료품점, 'drugstore / drug store' 등에서 찾을 수 있습니다.

> **e.g.** I need to go to the drug store. I have to pick up some milk and I need to stop by the pharmacy for my prescription medicine.
>
> 저는 드러그 스토어에 가야 해요. 우유도 좀 사야 하고, 약국에 들러서 처방받은 약을 사야 해요.

! 처방전 없이 살 수 있는 '상비약, 일반 의약품'은 영어로?

아스피린 등 한국에서와 마찬가지로 처방전이 없어도 살 수 있는 약들이 미국에도 있습니다. 이런 상비약을 'over-the-counter medicine (처방전 없이 살 수 있는 약)'이라고 부르는데, 줄여서 'OTC medicine'이라고도 합니다. 또한 'nonprescription medicine (처방전이 필요 없는 약, 일반 의약품)'이라고도 합니다. 하지만 처방전 없이 살 수 있는 약은 다른 제품처럼 약사의 도움 없이 진열대에서 고를 수는 있지만, 약국(pharmacy)의 계산대에서만 결제할 수 있다는 점 알아 두세요.

원어민 게이지 ··· 50%

181

I have a prescription. 처방전이 있어요.

My doctor called in a prescription.

의사가 처방전을 보냈어요.

> 위 표현들을 약국에 가서 말하면, 의사가 전산 시스템을 통해 약국에 전달한 처방 내역을 약사가 확인한 뒤 약을 조제해 줍니다.

call in a prescription 처방전을 보내다 (전화 · 메일 등을 통해 직접 전달하는 경우도 있었으나 지금은 대부분 전산 시스템을 활용)

원어민 게이지 ··· 80%

182

It will take (me) 5 minutes to fill your prescription.

(제가) 처방대로 약을 조제하는 데 5분 정도 걸릴 거예요.

How should I take/use it? 어떻게 복용/사용해야 하나요?

> 위 표현을 활용해 먼저 약사에게 약의 복용/사용 방법을 물어볼 수 있어요. 처방받은 약(물)이 먹는 약일 경우에는 'take (먹다/복용하다)', 바르는 연고 등 먹는 약이 아닐 경우에는 'use (사용하다)'라고 해요.

take (시간이) 걸리다   fill a prescription 약을 조제하다

This medicine is a pill. 이 약은 알약이에요.

> 위 표현은 약의 종류를 설명할 때 주로 사용하는 표현입니다.
> 간단하게 'It is ~(약 종류). (~이에요.)'라고 할 수도 있어요.
> 'pill (알약)'은 일반적으로 'capsule (캡슐)'일 수도 있고, 'tablet (둥글넓적한 알약)'
> 일 수도 있어요. 그 밖에 'liquid (액상의)/chewable (씹을 수 있는)/spray (분사형
> 의)' 등이 있어요.

Are there any side effects? 부작용이 있나요?

Is it safe to take with blood pressure medicine?

혈압약과 함께 먹어도 안전한가요?

> 위 표현들은 처방받은 약을 복용하는 데 있어 주의 사항에 대해 먼저 물어보는 유용한
> 질문들이에요. 약을 복용하는 데 영향을 미칠 수 있지만, 본인만 알고 있는 사실이 있다
> 면 위 질문들을 꼭 활용하기 바랍니다.

Don't take it on an empty stomach.

공복에 복용하지 마세요.

> 위 표현은 약사가 환자에게 약 복용 시 주의 사항에 대해 이야기할 때 자주 쓰는 표현
> 입니다. 반드시 귀를 기울여 듣고, 제대로 이해한 것인지 확실치 않을 때에는 재차 확인
> 하는 것이 좋아요.

---

side effect 부작용   blood pressure medicine 혈압약   empty stomach 빈속, 공복

Boost Up » 대화 마스터

184

My doctor called in a prescription.
My name is Tabitha Ryan.

Yes, I see the prescription.
It will take me just a minute to fill a prescription.
Please wait.

Thank you. How should I take it?

It's a liquid.
Don't take it on an empty stomach.

Are there any side effects?
And is it safe to take with a multivitamin?

You might feel drowsy after taking it,
so try to avoid driving. Taking it
with a multivitamin won't be a problem.

liquid 액상   multivitamin 종합비타민   feel drowsy 졸음이 오다
avoid 피하다

제 의사 선생님이 처방전을 보냈어요.
제 이름은 Tabitha Ryan입니다.

네, 처방전이 보이네요.
처방대로 약을 조제하는 데 1분 정도 걸릴 거예요.
기다려 주세요.

감사합니다. 어떻게 복용하는 거죠?

액상이에요.
빈속에는 드시지 마세요.

부작용이 있나요?
그리고 종합비타민이랑 같이 먹어도 안전한가요?

복용 후에 졸릴 수 있으니,
되도록 운전은 피하시구요. 종합비타민이랑 함께
복용하는 건 문제 없을 겁니다.

퀴즈 플레이

❶ You look _____ .

안색이 안 좋아 보여요.

❷ I'm feeling _____ the weather, actually. I am having _____ staying awake because I _____ so exhausted.

실은 몸이 안 좋아요. 너무 피곤해서 잠을 잘 못 자고 있어요.

❸ I started _____ like this 3 days ago.

3일 전부터 이렇게 느끼기 시작했어요.

❹ I'm _____ to penicillin.

전 페니실린 알레르기가 있어요.

❺ You _____ the flu.

독감에 걸리셨군요.

---

1. run-down   **2.** under, trouble/difficulty, feel/am
3. feeling   **4.** allergic   **5.** have

6 I will write a _____ for an antiviral drug.

항바이러스제를 처방해 드릴게요.

7 Make _____ you finish the medicine.

꼭 약을 다 드셔야 해요.

8 My doctor _____ in a prescription.

제 의사 선생님이 처방전을 보냈어요.

9 It will take me just a minute to _____ the prescription.

처방대로 약을 조제하는 데 약 1분 정도 걸릴 거예요.

10 Are there any _____ ?
And is it _____ to take with a multivitamin?

부작용이 있나요?
그리고 종합비타민이랑 같이 먹어도 안전한가요?

---

6. prescription   **7.** sure   **8.** called
9. fill   **10.** side effects, safe

Review & Practice

원어민 게이지 100% 표현 사전

Review & Practice

1. 원어민 게이지 100%에 해당하는 표현들만 뽑았어요!
2. 네모(□)에 체크하면서 어떤 표현을 더 공부해야 하는지 확인해 보세요!
3. 달달달 암기하고 반복하면서 내 것으로 저장해 보세요!

CHAPTER 01 | Socializing 사람 사귀기

CHAPTER 02 | Dates and Time 날짜와 시간

CHAPTER 03 | Food 음식

CHAPTER 04 | Asking & Giving Directions 길 묻고 답하기

CHAPTER 05 | Transportation 교통수단

CHAPTER 07 | Sharing Opinions 의견 주고받기

CHAPTER 08 | Getting & Giving Help 도움 주고받기

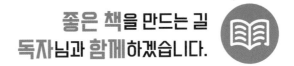

좋은 책을 만드는 길
독자님과 함께하겠습니다.

원어민 게이지 100% 살리는 스펜서쌤의 미국 영어

: 숨 쉬듯 매일 말하는 일상 회화 표현

초 판 발 행	2021년 07월 05일
발 행 인	박영일
책 임 편 집	이해욱
저 자	스펜서 맥케나
편 집 진 행	김현진 · 심영미
표지디자인	이미애
편집디자인	안아현 · 임아람 · 장성복
발 행 처	시대인
공 급 처	(주)시대고시기획
출 판 등 록	제 10-1521호
주 소	서울시 마포구 큰우물로 75 [도화동 538 성지 B/D] 9F
전 화	1600-3600
팩 스	02-701-8823
홈 페 이 지	www.edusd.co.kr
I S B N	979-11-254-9422-5(14740)
정 가	15,000원